JÖRG MARTIN DAUSCHER

VERFLUCHTE BERGE

Von einem, der
eingeschneit wurde
und das Fürchten
verlernte

DUMONT

1. Auflage 2021
© 2021 DuMont Reiseverlag, Ostfildern
Alle Rechte vorbehalten.

Lektorat: Patrick Schär, Berlin
Umschlaggestaltung: Birgit Kohlhaas, Egling
Innengestaltung und Satz: Anja Linda Dicke, dickedesign.de, Berlin
Fotos innen: Jörg Martin Dauscher
Foto Umschlagklappe: Phil Dera

Printed in Poland

ISBN 978-3-7701-9190-1

www.dumontreise.de

»Die Berge sind keine Arena, in der ich meine
Leistungsfähigkeit unter Beweis stellen würde.
Die Berge sind mir vielmehr Kathedralen,
in denen ich meine Religion ausübe.«
Anatoli Boukreev

»Man erfährt mehr, indem man ein und denselben
Berg hundertmal besteigt als hundert
verschiedene Berge jeweils nur einmal.«
Unbekannt

INHALT

PROLOG

»Ohne Messer geht man nicht in die Berge«, sagte Fatos. Man gehe ja auch nicht ohne Pass in ein fremdes Land.

Wir ließen uns zum zweiten Mal von seinem Suzuki Samurai den Berg hochtragen, diesem altersmüden, verschlissenen Allradfahrzeug, das sich auf der steinigen Piste hörbar wohler fühlte als noch kurz zuvor auf Asphalt. Das Bodenblech war stellenweise durchgerostet, die Kupplung hing in der Luft und war mit einem Strick gesichert. Mentor hatte gemeint, Fatos könne das Auto gar nicht säubern, denn wenn er die Holzrückstände, die liegen gebliebenen Arbeitsutensilien und die Schicht Dreck entferne, löse sich der Suzuki binnen Sekunden selbst auf, verpuffe wie ein glücklicher Moment. Mentor und Fatos sind beste Freunde und zugleich Antipoden. Mentor ist die Struktur in Person, aufgeräumt wie die Küche meiner Großmutter. Mehr als einmal hat er angesichts von Fatos' Chaos den Kopf geschüttelt und gesagt: »Also dafür hasse ich ihn!«

· · ·

Mentor hatte uns beim ersten Mal begleitet, diesmal war Barri mit von der Partie, der sich, dem Anlass angemessen, in

Militärkleidung geschmissen hatte. Wenn Mentor das Gegenstück von Fatos ist, dann ist Barri sein schweigsamer Schatten, der ihm folgt, sobald es ins Bergland geht. »Der Suzuki ist glücklich jetzt«, konstatierte Fatos, während das Fahrzeug strikt bergan fuhr. Für die Ansage mit dem Messer war es natürlich zu spät, doch ich hatte wenige Tage zuvor auf dem Basar von Peja eines erstanden, ein vernünftiges. Auch ich sah mich nicht ohne Messer rumlaufen, nicht dort oben, nicht in den Verfluchten Bergen.

. . .

Das Problem mit Fatos ist, dass stets unklar bleibt, welche seiner Ansagen ernst sind und welche nur Spaß. Das Gleiche gilt für Mentor, nie wusste ich, woran ich war. Bei unserem ersten Treffen vor einer Woche, noch unten im Tal, hatte Fatos gesagt, ich dürfe mich nur einen Kilometer von der Hütte entfernen, an diesen Radius sei ich gebunden: Es gebe Wölfe. Ich hatte das ernst genommen und gedacht: »Gut, dann halt nur einen Kilometer. Wird ja eh schneien.« Am Tag darauf waren wir zusammen mit Mentor erstmals hinaufgefahren, um alles vorzubereiten, um Holz zu schlagen, die

Hütte zu säubern und um mich einzuweisen – an einem der letzten Tage, an denen dies möglich sei, hatte es geheißen: Schon in den folgenden Tagen komme der Schnee, und dann sei an Holzschlagen nicht mehr zu denken. Dann sei die Blockhütte nur noch zu Fuß erreichbar, Vorräte könne man auch nicht mehr hinaufschaffen. Jedenfalls nicht mit dem Suzuki, nicht über die Piste und nicht bis auf fast 2000 Meter. Stattdessen müsse man zwei Stunden von den letzten Häusern aus hinauflaufen, mit Schneeschuhen an den Füßen und dem Notwendigsten im Rucksack.

. . .

Der erste Teil der Piste, die durch eine Schlucht hinaufführt, ist in den Sechzigern als Forstweg angelegt worden, sodass geschlagenes Holz mit einem Ochsengespann hinuntergebracht werden konnte. Fatos bezeichnet den Weg als »jugoslawisch«, er ist noch unter Tito aus dem Fels gesprengt worden, von Ingenieuren aus dem fernen Belgrad und nicht von den Bewohnern des Rugova-Tals. Den letzten Teil bis zur Alm, den hat Fatos eigenhändig aus dem Berg geschält. Es waren die höchsten Weideflächen seines Großvaters, unmittelbar an der Baumgrenze und mit Blick auf die jäh ansteigende Flanke der Hajla. Die Hütte ist vollständig von der Welt abgewandt, das Satteldach zu beiden Seiten so weit hinuntergezogen, als würde sie sich den Elementen beugen.

...

Fatos verbringt ganze Wochen draußen in der Wildnis mit Ansitzen und Anschleichen, die Kamera statt eines Gewehres im Anschlag. Fotos eines riesenhaften Luchses hat er mir gezeigt, dem einzigen, der in diesem Teil der Verfluchten Bergen herumstreunt, auf vergeblicher Suche nach einem Weibchen. Er zeigte mir Fährten von Bärentatzen im frischen Schnee, keine zwanzig Meter von der Hütte entfernt: »Die gehen jetzt hinunter, ins Winterquartier.« Das sei jedoch überhaupt kein Grund zur Sorge: Der europäische Braunbär sei scheu, verziehe sich, schalte nur dann auf Angriff um, wenn er sich oder seine Jungen bedroht sehe. Ganz im Gegensatz zum Beispiel zum Grizzly, der falle Menschen nicht nur an, sondern verspeise sie auch: »Vor einem Bär muss man sich nicht fürchten, aber nimm dich in Acht vor den Wölfen!«

TEIL I

ANKUNFT
UND
AUFSTIEG

Hajla

Rugova-
Tal ——△● PEJA

PRIZREN
●

● SHKODRA

WOHIN DER WIND TRÄGT

1 Ich hatte den Sommer und den Herbst in Südalbanien verbracht, genauer gesagt in einem Küstendorf nahe der griechischen Grenze, wo ich dauerhaft ein Haus angemietet hatte. Eigentlich wollte ich bleiben, dann aber lief mein Visum aus und wurde trotz Antrag nicht verlängert. Daher musste ich, um keine hohe Strafe zu riskieren, das Land zügig verlassen, zu zügig, um noch einen günstigen Flug von Tirana aus zu bekommen. Griechenland hielt wegen der Corona-Pandemie die Grenze streng geschlossen, Montenegro im Norden desgleichen, sodass sich das Kosovo oder Mazedonien und damit der Osten als Ausweg anbot. Von dort aus würde ich problemlos weiter nach Deutschland kommen: Ich buchte ein Busticket für den folgenden Tag und einen Flug für zwei Wochen später. So kam ich abends am Busbahnhof von Prizren an, der zweitgrößten Stadt des Kosovo. Es war empfindlich kalt, viel kälter als noch ein paar Stunden zuvor in Tirana. Ich kannte die Stadt von einer früheren Reise und wusste wohin – aber so dunkel, windig und leer, wie sie sich jetzt zeigte, war sie mir doch neu. Nicht nur der November leerte die ansonsten vollen Straßen und Cafés, sondern auch eine frühe Sperrstunde, die im gesamten Kosovo galt. Der nahende Winter lag in der Luft, samt den Abgasen der Ausfallstraße und der stillen Katastrophe der Pandemie.

...

Prizren ist das Tor zum Sharri-Gebirge zwischen Kosovo und Mazedonien. Vor vier Jahren war ich hier mit Edis unterwegs, einem, man kann es nicht anders sagen, Sportfanatiker, der sein Haus zum Hostel ausgebaut und als Bergführer Beruf und Hobby in Einklang gebracht hatte. Im Sommer ist dort richtig was los, und so hatte ich die Stadt auch in Erinnerung: Prizren ist mit seiner Moschee, der alten Brücke und dem Shadervani-Platz durchaus auf der Liste der internationalen Backpacker-gemeinde. Vor allem das Alltagsleben hat Charme, und wer ein Ohr hat für Sprachen, dem wird auffallen, dass neben Albanisch auch Bosnisch, Türkisch und vereinzelt Serbisch gesprochen wird. Der serbische Präsident Milošević hatte die Stadt einst als »albanerfrei« deklariert, doch es war anders gekommen, heute gibt es kaum noch Serben in der Stadt. Dass das Wort *Kosovo* kein Eigenname ist, sondern eine besitzanzeigende Form des Hauptwortes *kos* – das Amsel bedeutet, und zwar auf Serbisch –, hatte mir damals schon Edis erläutert: *Kosovo polje* bedeutet Amselfeld. Edis ist polyglott, er wechselt zwischen den Sprachen, je nachdem mit welchem Freund er gerade Kaffee trinkt. Er hat mich gelehrt, das Kosovo weniger als Land zu betrachten denn als Landstrich. Er sprach vom Kosovo als einer hügeligen Senke inmitten von Hochgebirgszügen, seit Jahrtausenden ein vergleichsweise freundlicher Siedlungsraum, der sich für Ackerbau ebenso wie für Viehzucht eignet. Daher überlappen und vermischen sich in den Ebenen die Siedlungsgebiete verschiedenster religiöser und ethnischer Gruppen. Albaner und Serben sind nur die prozentual stärksten, aber nicht die einzigen. Das ist keine besondere Eigenheit des Kosovo, vielmehr zeigt sich hier beispielhaft Balkangeschichte. Die gesamte Region ist heute noch von den gut fünfhundert Jahren osmanischer Herrschaft geprägt, die erst kurz vor dem Ersten Weltkrieg endete.

...

Edis hatte das erste Pandemiejahr hauptsächlich mit Sport verbracht und zeigte mir stolz eine App, die seine Lauf-, Rad- und Trailrunning-Kilometer zählt: »Persönlicher Rekord. Und du so?«

Gott, was sollte ich sagen. Im Juli hatte ich mich aus Deutschland losgeeist, unternommen hatte ich kaum etwas, war fast ausschließlich im Dorf gewesen, hatte das Haus instand gesetzt und den verwilderten Garten gezähmt. Jetzt sollte es zurückgehen.

»Ich dachte, du wohnst inzwischen in Südalbanien?«

»Schon, aber immer noch als Tourist.«

»Das heißt?«

»Dass ich erst nach drei Monaten wieder zurückkann, wegen des Visums.«

»Und was willst du in Deutschland, bleib doch im Süden!« Nun, die Winter im Süden zu verbringen, das ist so eine romantische Idee, die nichts von schlecht isolierten Häusern, nasskaltem Wetter und der allgemeinen Misere weiß, die rund um das Mittelmeer mit dem Novemberregen einsetzt. Nein, im Winter ist es im Norden eindeutig besser, dort sind die Tage zwar kürzer, die Sonne bleich, aber die Wohnungen, die Cafés und Gaststuben gut beheizt und gemütlich. Dort und in den Bergen, also überall, wo man auf längere Kälteperioden eingestellt ist, lässt es sich aushalten.

»Dann geh doch hier in die Berge!«

»Wohin denn? Und wenn, dann bräuchte ich was für länger.«

Ich dachte, mit diesem Anspruch würde ich Edis den Wind aus den Segeln nehmen, aber das Gegenteil war der Fall, er nahm Fahrt auf.

»Da findet sich schon was!«

»Du weißt, ich bin ein armer Schreiberling!«

»Mach dir keine Sorgen. Pass auf, am Ende schreibst du noch was über das Kosovo!«

Wir saßen in der kleinen Küche des Hostels, denn nur dort stand ein Gasofen. Außer mir gab es keine weiteren Gäste, ein Japaner war am selben Tag in Richtung Tirana aufgebrochen, unbeeindruckt von Pandemie und PCR-Tests.

. . .

Am nächsten Morgen stand ich früh auf, die Kälte warf mich aus dem Bett. Ich spazierte am Fluss entlang zum Shadervani-Platz und sah bei einem ersten Kaffee den Straßenfegern zu, deren Westen und Tonne so gelb waren wie das Herbstlaub der Kastanien. Noch zwei, drei kalte Tage, ein bisschen Wind, und die Bäume würden kahl sein. Edis schickte eine Nachricht, er sei im Café Tomos und warte auf mich.

Er hatte wie üblich hier seinen Laptop aufgebaut, denn im Café war es warm. Ein Grund, warum sie hierzulande die Cafés tagsüber gar nicht zumachen können, dachte ich, Pandemie hin, Pandemie her! Edis sah kurz auf und rief: »Mentor!«

»Bitte was?«

»Mentor ist dein Mann!«

»Mein Mann wofür?«

Er hämmerte auf die Tastatur, schloss irgendeinen Chat ab, schmiss den Laptop zu und erklärte: »Für die Berge!«

Mentor fahre Touristen Sommer für Sommer mit Land-Rovern durch die Berge, zum Wandern und Bergsteigen, und organisiere auch im Winter Touren – der kenne alles und jeden im Rugova-Tal bei Peja. Und ganz gewiss auch irgendeine Hütte. Ich solle es mir überlegen und dann Mentor anrufen, der sei ein Freund von ihm: »Hier die Nummer!«

Edis schob mir einen Zettel zu. Ich äußerte Bedenken: Ich hätte knöchelhohe Wanderstiefel dabei, das ginge, aber außer einer Tweedjacke keine annähernd winterfeste Kleidung.

Edis lachte: »Wann zum Teufel löst du dich endlich von deinem Tweedfimmel?!«

Er war, wie alle Sportler, ein großer Fan von Funktionskleidung und buntem Plastik am Körper. Nicht zu Unrecht,
aber wenn man unterwegs ist und begrenzt Gepäck mitnehmen kann, dann ist Wolle meine erste Wahl. Mit einer Tweedjacke geht einfach alles: Berggang, Café, Restaurant. Eine
Tweedjacke ist das Pendant zur Handtasche: In den drei In-
nentaschen lassen sich wunderbar Dokumente, Reisepass,
Geldscheine verstauen, in die Brusttasche wandert weiterer
Kleinkram, die verbliebenen Außentaschen kann man mit
Proviant oder Büchern füllen! Ein ums andere Mal hatte ich es
geschafft, ohne Aufgabegepäck zu fliegen, nur weil ich eine
Tweedjacke trug. Selbst bei moderatem Regen hält Tweed
dicht, sein einziger Nachteil ist das Gewicht und dass er, einmal durchnässt, Tage braucht, um zu trocknen. Die Jacke war
also gesetzt, für den Rest verwies mich Edi an seinen Inter-
sportladen, an der Tangente am anderen Ende der Stadt.

· · ·

Ich verlief mich gründlich und landete stattdessen in einem
völlig anderen Viertel und einem Billigladen mit chinesischer
Importware: Schaltuch, Handschuhe, mehrere paar Strümpfe,
lange Unterwäsche, Mütze – erledigt! In einen wasserdichten
Anorak würde ich erst investieren, wenn es tatsächlich hinaufging, das hatte noch Zeit. Als ich mit einer Tasche links und einer rechts zurück ins Zentrum lief, schienen die Würfel gefal-
len. Zwar hatte ich in Deutschland schon seit Jahren keine
Wohnung mehr, aber ich hätte im Fränkischen oder in Berlin

bei Freunden Unterschlupf gefunden beziehungsweise ein kleines Apartment zur Verfügung gehabt. Doch das Vorhaben, nach Deutschland zu fliegen, kam mir zunehmend bescheuert vor: Wozu? Um dort doof rumzusitzen? Die Nachrichten klangen nicht gut: Deutschland hatte sich vergaloppiert, eben noch war man stolz auf niedrige Zahlen, schon explodierten sie, und der ratlosen Politik fiel nichts anderes ein, als den Laden dichtzumachen. Sollte ich also fliegen, dann würde ich ohne Zweifel den Winter in irgendeiner Wohnung verbringen, niemanden sehen und nur zum Einkaufen hinausgehen. Keine guten Aussichten und nur dann eine Option, wenn man keine andere hat. Also, wenn schon Isolation, dann bitte richtig, dachte ich. Und wenn schon Rückzug zwischen vier Wände und Konzentration auf das Wesentliche, dann doch nicht dort, wo die Supermärkte und die Fabriken geöffnet haben, sondern dort, wo es beides nicht mehr gibt, wo es gar nichts mehr gibt, wo sich Kontaktreduzierung von allein ergibt: in der Natur, in den Bergen, im Kosovo!

· · ·

Noch am selben Abend kontaktierte ich Mentor. Ich berief mich auf Edis und schilderte mein Anliegen.

»Für wie lange?«

»Ein bis zwei Monate.«

Ehrlichkeit schien mir Grundbedingung, um irgendwohin zu kommen, jetzt aber, da ich mich den Zeitraum aussprechen hörte, war ich selbst ein bisschen beeindruckt. Mentor hingegen keineswegs, er blieb stocknüchtern und wollte wissen, wozu ich in die Berge wolle.

»Zum Schreiben.«

Ob ich etwas für umsonst suchen würde oder zahlen wolle.

»Zahlen natürlich! Aber ich suche keinen Luxus, und reich bin ich auch nicht.«

Versprechen könne er nichts, erwiderte Mentor, aber er habe da so eine Idee – genau genommen zwei: Da sei diese Familie, die auch im Winter oben bleibe und gewiss einen Gast aufnehme, und diese Hütte, noch weiter oben und ziemlich isoliert.

Klinge beides super, erwiderte ich wahrheitsgemäß – und fügte an: »Aber das mit der Hütte, ehrlich gesagt, das wäre perfekt!«

Er kümmere sich drum und rufe mich zurück, sagte Mentor. Es war Freitag, er musste tags darauf bei Fatos nachgefragt haben. Wie er später berichtete, war das Telefonat kurz ausgefallen:

»Du, ich brauche eine Hütte.«

»Ich habe eine Hütte.«

»Ein Freund von einem Freund will dort bleiben, für länger.«

»Soll er machen. Aber wir müssen für Holz sorgen, bald.«

»Wann?«

»Dienstag soll gutes Wetter sein.«

Mentor rief mich zurück und teilte mir mit, dass ich am Montag nach Peja kommen solle, am Dienstag würde er mich Fatos vorstellen, und anschließend würden wir gemeinsam zur Hütte fahren, alles begutachten und Holz vorbereiten. Dann

hätte ich noch ein paar Tage Zeit, um Einkäufe und meine An-
gelegenheiten zu erledigen, bevor es endgültig hinaufging.
Und damit ich gut schlafen könne, schicke er mir gleich noch
ein paar Fotos. Die Fotos kamen, und sie zeigten eine Blockhütte weit oben mitten in den Tannenwäldern der Verfluchten
Berge, einsam, wild und prachtvoll.

Ich schlief nicht besonders gut.

DON'T MOVE!

2 Ursprünglich hatte ich mir etwas völlig anderes vorgestellt, eine dieser *cabins* nämlich, die spinnennetzartig um ein Haupthaus herum angeordnet sind, das meist ein Restaurant beherbergt. In einer solchen hatte ich mich schreiben gesehen: draußen und doch mit Anschluss an die Zivilisation. Mentors Fotos hatten diese Vorstellung jedoch weggewischt: Ich wollte jetzt dorthin, in genau diese Wildnis wollte ich, koste es, was es wolle! Ich war aufgeregt und malte mir aus, wie es dort oben sein würde. Gleichzeitig kam mir das alles nicht ganz geheuer vor. Es war zu schnell passiert, und zudem, das musste ich zugeben, lag diese Hütte außerhalb meiner Komfortzone, weit außerhalb. Es war ein bisschen bescheuert, dorthin zu wollen. Aber der größte Blödsinn, den man im Leben veranstaltet, liegt in der Wiederholung von Dummheiten. Etwas Neues zu tun, ist meist nicht so dumm. Zumindest ist der Ausgang dann erst mal offen.

»Edis, morgen fahre ich nach Peja!«

»Klappt also, oder was?«

»Na ja, wir müssen uns erst noch kennenlernen. Und dann schauen ...«

»Ach was, das wird! Mentor ist mein Freund, du bist mein Freund, also seid ihr Freunde!«

Da war etwas dran: Freundschaft mit Albanern meint mehr, als gelegentlich an einem Tisch zu sitzen und sich über Privates auszutauschen. Freundschaft besteht vielmehr aus dem Tun, bedeutet, füreinander einzustehen. Edis war für mich eingestanden, indem er mich an Mentor vermittelt hatte. Und nur weil Edis das getan hatte, war wiederum Mentor bereit gewesen, ohne weitere Prüfung Fatos auf den Plan zu rufen, sodass alles in kürzester Zeit seinen Lauf nahm. Diese Unvorsichtigkeit, diese mangelnden Hintergedanken, daraus ergab sich Freundschaft. Und die funktionierte, wenn man ihr entsprach und das seine dazu beitrug: Im gleichen Maße, wie man sich auf mich einließ, musste ich auch mitziehen. Mentor und ich, wir waren also schon Freunde, bevor wir es wurden.

· · ·

Am Montagvormittag nahm ich den Bus nach Peja. Von Edis hatte ich erfahren, dass Mentor bei der Polizei arbeitete, als Forensiker in der Pathologie. Zufällig lief ich an der zentralen Wache vorbei, als ich von der Busstation kam. Vor drei Uhr solle ich da sein, später habe er Dienst, hatte mich Mentor am

Telefon instruiert. Es war eins, also ließ ich mich auf einen Kaffee nieder und schrieb ihm eine Textnachricht: Ich sei eingetroffen, säße am Kreisverkehr in einer Bar – wo ich mich denn einfinden solle? Seine Antwort: »*Don't move. I come.*«

Zwanzig Minuten und einen doppelten Espresso später: »*Go outside. Left.*«

Ich zahlte, packte meine Sachen zusammen, ging nach links bis zur nächsten Ecke und beäugte die Passanten. Hätte ich mal auf Facebook besser geschaut, wie der Typ überhaupt aussieht, dachte ich, als ein roter Land Rover einer alten Baureihe um die Ecke bog und hupte. Die Beifahrertür schwang auf, ein längliches Gesicht mit Buster-Keaton-Augen beugte sich mir entgegen und fragte: »Taxi?«

Einen guten Kilometer weiter parkte Mentor den Land Rover, und wir ließen uns in einem Café nieder, so wie man das macht, wenn man sich gerade kennenlernt. Er berichtete von seiner Arbeit, den insgesamt drei Land Rovern, mit denen er, sein Bruder und ein paar Freunde die Logistik für die Hiker- und Bergsteigergruppen bewerkstelligen. Ich fragte Mentor, wie das gehe, Touristengruppen durch das Kosovo fahren und gleichzeitig eine Festanstellung bei der Polizei haben. Er sagte: »*I only work at the police in my free time.*«

Sekundenlang verzog er keine Miene, dann aber schossen seine Mundwinkel nach oben, die Augen blitzten, und ihm entfuhr ein vergnügtes Wiehern, das seine Gesichtszüge erbeben ließ und schon Sekunden später verebbt war. Er erklärte: In den letzten Jahren habe es gut zu tun gegeben – im Tourismussektor, nicht in der Pathologie. Er machte eine Kunstpause, beendete diese wiederum mit einem kurzen Wiehern und fügte dann hinzu: dem Weitwanderweg *Peaks of the Balkans* sei Dank. Zahllose Deutsche ... Während der letzten Saison allerdings kein einziger! Seinen ersten Land Rover habe er vor zwanzig Jahren gewissermaßen aus Schrott zusammengesetzt und neu lackiert, mühsam habe er Ersatzteile besorgt, die beiden anderen seien später dazugekommen. Hinten auf den Bänken links und rechts sei Platz genug für jeweils drei Leute, auf der Mittelbank noch mal so viele, mit Fahrer und Beifahrer elf Leute, im Konvoi also dreiunddreißig. Gepäck müsse auf das Dach:»Kommst du fast überall hin damit.«

»Ich weiß, die alten Land Rover sind Schätze. Und gesucht!«

Das wisse aber nicht jeder – und deutsche Veranstalter schon gar nicht. Die erkundigten sich vorab regelmäßig nach den eingesetzten Fahrzeugen und fragten, wie alt sie seien. Er frage dann zurück, woher das Interesse stamme – und ob man am Kauf interessiert sei. Einmal habe man von ihm verlangt, dass die Fahrzeuge nicht älter als drei Jahre seien, also neuwertig. Er habe die Verhandlungen sofort abgebrochen. »Was bilden die sich ein, für den Preis, den sie zahlen? Sieh doch: Ich biete *sicheren* Transport an, aber doch keinen *neuwertigen!*«

Edis hatte es vorausgesagt, Mentor war in der Tat mein Mann für die Berge, so viel war jetzt schon klar. Zwar irritierte er mich mit seinem Humor und seiner nüchternen Art, aber nur, weil ich ihn noch nicht wirklich kannte. Ansonsten schien mir der schlaksige Typ nicht nur ein Ausbund an Verlässlichkeit zu sein, sondern eine Art Lebensversicherung – was sich noch bewahrheiten würde, aber das ahnte ich noch nicht. Mentor zeigte mir die Stadt – jenseits des Flusses das Zentrum, drüben das alte Basarviertel – und fuhr mich anschließend zu einem Hostel, wo ich es bequem haben würde. Proviant müsse ich noch einkaufen, anderntags sei die letzte Möglichkeit, etwas hochzufahren – für ungefähr eine Bananenkiste und einen kleineren Karton sei Platz in Fatos' Auto, den Rest würde mein sonstiges Gepäck, er selbst und Baumaterial für die Hütte einnehmen. Ich müsse mich also, was den Einkauf anging, auf das Notwendige beschränken. Denn mit dem Land Rover käme man nicht bis ganz hinauf, zu steil, zu eng. Den müssten wir zuvor stehen lassen und dann in Fatos' Auto umsteigen. »Morgen hole ich dich ab, um sieben!«

...

In Deutschland war die beherrschende Frage, wie und ob man angesichts der drohenden gegenseitigen Kontamination noch Weihnachten feiern könne – während ich kurz vor der Sperrstunde in Peja im Supermarkt stand und mich fragte, was man mitnimmt auf eine Hütte für mehrere Wochen.

Als ich wieder im Hostel war – zweimal war ich hin- und hergelaufen –, belief sich mein Vorrat auf folgende Positionen: ein Karton Gemüse, eine Handvoll Zitronen, Äpfel, vier große Tüten weiße Bohnen, vier Packungen Nudeln, zwei Packungen Reis, drei Packungen Haferflocken, zwei Dosen Linsen, zwei Gläser Ajvar (Paprikapaste), drei Packungen passierte Tomaten, vier kleine Dosen scharf eingelegte Sardinen, verschiedene Packungen Nüsse und Trockenfrüchte, eine weiße und eine schwarze Tafel Schokolade, ein gutes Dutzend Müsliriegel, vier Trinkpackungen Multivitaminsaft, eine Packung Oregano, Rosinen, Salz, 500 Gramm schwarzer Tee, vier Packungen Kräutertee, zwei große Sucuks (Rohwürste), ein Stück geräuchertes Rindfleisch, drei Packungen Kekse, vier große Bierflaschen zu je 1,5 Liter, ein Zehnerpack Einzelportionen löslichen Kaffees sowie sechs oder sieben Packungen Zigaretten. Alkohol beziehungsweise Kaffee und Nikotin gehen für mich zusammen und waren daher nur für die Anfangszeit gedacht, es war mir sinnlos erschienen, für länger vorzusorgen, ich würde diese Angewohnheiten beizeiten aufgeben müssen. Ich überlegte, ob die richtige Strategie darin bestand, anfangs zu sparen oder erst später. Normal weiterrauchen und dann schlagartig aufhören oder reduzieren? Das würde ich vor Ort entscheiden müssen. Noch war Zeit, Kleinigkeiten würde ich später noch einpacken können, und auch einen Anorak könnte ich kaufen. Noch fuhren wir lediglich hoch, um Holz zu schlagen. Am morgigen Abend würde ich zurück in Peja sein, ein Rückzieher wäre also immer noch möglich. Manchmal widerfährt einem das Leben schneller, als man verarbeiten kann. Und wer weiß schon, wie sich alles entwickelt. Man ist nicht gut beraten, sich irgendwelchen Erwartungen hinzugeben. Und trotzdem war ich voll davon, ich malte mir schon das Hüttenleben aus: die Luft, die Natur, die Ruhe.

. . .

Eine scharfe Kälte kroch frühmorgens durch Peja, ich bildete mir ein, man könne Schnee und Berge schon riechen. Fatos trafen wir irgendwo am Ortseingang, im Café einer überdimensionierten Tankstelle. Das Einzige, was er von mir wusste, war, dass ich Schriftsteller bin und hinaufwollte zum Schreiben. Er stellte erstaunlich wenige Fragen, streifte mich nur bisweilen mit flinken Augen von der Seite, so als würde er sich fragen: Ob der das packt? Er hatte vorausgesetzt, dass ich die nötigen Fertigkeiten besaß, um dort oben zu bestehen – also dass ich sowohl mit einer Axt umgehen konnte als auch mit einem Generator. Jemand, der nach einer Hütte in den Bergen fragt, um dort auf Wochen hinaus zu bleiben, der wird schon wissen, was er tut. Vielleicht war der erste kurze Aufenthalt dort oben ja auch ein Test, sodass er mich beobachten oder ich es mir noch mal überlegen konnte. Unser Plan war folgender: Erst das Holz schlagen, dann wieder hinunter nach Peja, Vorbereitungen treffen, Arbeit zu Ende bringen, Einkäufe tätigen, binnen einer Woche endgültig hinauf, ein paar Tage mit Fatos und dessen rechter Hand Barri verbringen, anschließend allein oben bleiben.

»Wer allein dort oben bleibt, der muss verrückt sein oder konstant alkoholisiert!«, meinte Fatos und sah mich an, als wäre ich eine Antwort schuldig. Die erste Option schien mir die realistischere zu sein, denn ausreichend Alkoholika würden sich gar nicht hinaufschaffen lassen. Außerdem: Wer eigenhändig mit Pickel und Spaten eine Piste in die Bergflanke treibt, der ist selbst ein Verrückter – dem schloss ich mich doch gerne an! Sämtliche Vorräte und Materialien waren im

Laufe der Jahre mit seinem Suzuki hinauftransportiert worden, daher dessen zerschlissener Zustand.

Fatos trug eine schwer in Mitleidenschaft gezogene schwarze Daunenjacke einer guten Marke, rauchte Rothmans, die lange Variante, und brauchte ebenso wie ich vor jeglicher Aktion erst einmal ausreichend Kaffee. Erst später, als ein junger Verwandter von Fatos es aussprach, wurde mir klar, wie sehr wir uns ähnelten. Er saß uns gegenüber und sagte: »Nun schaut euch das an, aus zwei weit entfernten Ländern, unterschiedliche Sprachen, aber beide die gleichen angegrauten Locken samt Dreitagebart: Brüder könntet ihr sein!«

Die Frage nach der Miete beziehungsweise einem Kostenbeitrag, die ich gestellt hatte, während Mentor zur Toilette ging, wischte Fatos streng beiseite, ich könne ihm stattdessen zur Hand gehen, sobald sich Gäste einstellten und er hinaufkommen würde. Für Silvester habe sich ein Trupp angekündigt, sonst jedoch bislang niemand. »Die Hütte kannst du nutzen, nur sorgen musst du für dich selber.«

Ich schämte mich ein wenig, Geld überhaupt erwähnt zu haben, es war falscher Vorsicht geschuldet, die auf Nummer sicher gehen wollte, um Unklarheiten beizeiten auszuräumen. Außerdem war das bevorstehende Abenteuer gar nicht mit Geld aufzuwiegen, es war daher vermessen von mir, überhaupt welches anzubieten. Zudem hätte ich zumindest ahnen können, dass wir uns längst in einem anderem Fahrwasser befanden, in einem Seitenarm des weltumfassenden Ozeans der Käuflichkeit, in dem mit einer gänzlich anderen Währung bezahlt wurde: dem gegenseitigen Respekt. Dieser musste sich,

im Gegensatz zu Geldscheinen, immer erst als haltbar erweisen, und sein Transfer konnte jederzeit aufgekündigt oder zurückgenommen werden. Sobald jedoch Respekt im Spiel war,
konnte Geld zu verlangen ebenso respektlos erscheinen, wie
es anzubieten – und ich war in diesem Sinne gerade respektlos
gewesen. Aber Fatos sah darüber hinweg und machte mit einer
Handbewegung klar, dass das kommende Abenteuer unser ge-
meinsames sein würde.

DAS SCHWERT GOTTES

Wir fuhren im Konvoi, Fatos im Suzuki vorneweg, Mentor mit mir im Land Rover hinterher. Kaum hatten wir die Stadtgrenze von Peja hinter uns, tat sich schon die Rugova-Schlucht auf. Mir war, als schlüpften wir hinein in die Verfluchten Berge. Besser gesagt in einen kleinen Teil davon, denn der Begriff bezieht sich auf die Gesamtheit des Gebirges und nicht nur auf das Rugova-Tal oder den kosovarischen Teil: Die Verfluchten Berge sind ein schroffer Gebirgszug im Norden Albaniens beziehungsweise im Westen des Kosovo, ein Ausläufer der Faltenkette der Dinariden, die für die zersplitterte Topografie des gesamten Balkans verantwortlich sind. Aber was heißt Ausläufer? In mehrerlei Hinsicht markieren die Verfluchten Berge einen Höhepunkt: Einerseits im Wortsinne, denn zahlreiche Gipfel erreichen fast 3000 Meter. Andererseits durch die Gedrängtheit der Berglandschaft. Die Täler sind oftmals Schluchten, viele Dörfer nur über Pässe zu erreichen.

Auch wir mussten also zunächst eine gewaltige Schlucht passieren: Felsblöcke hingen über der Straße, die Bergflanken links und rechts ragten senkrecht auf. Mentor erzählte mir, dass Lawinen oder Steinschlag regelmäßig die Route blockierten. Schließlich verengte sich die Schlucht, die Wasser wurden wilder, die Straße konnte nicht mehr folgen und wand sich stattdessen bergan, lief auf halber Höhe weiter. Es gab keinen besiedelten weitläufigen Talgrund, wie er zum Beispiel für die Alpen typisch ist. Mentor erwähnte, dass nur fünfzehn Prozent der Gesamtfläche des Tals Brach- oder Weideland seien, der Rest Wald und Fels. Im Dorf Pepaj, aus dem Fatos' Eltern stammen und das als solches gar nicht auffällt, so verstreut liegen die Gehöfte, ließen wir wenige hundert Meter, nachdem der Asphalt endete, den Land Rover stehen und stiegen samt Gepäck und meinen Vorräten in den Suzuki um. Fatos legte die Schneeketten an, um auf der steilen Piste nicht stecken zu bleiben.

· · ·

Mentor und Fatos hatten nicht gelogen, die Hütte lag tatsächlich am Ende der Welt, auf einer kleinen Lichtung inmitten von Tannenwäldchen. Direkt hinter der Lichtung, der einstigen Alm, begann die Flanke eines massiven Berges: das Süddach der Hajla, wie mir erklärt wurde. Die Hütte stand mit dem Gesicht zum Berg, der Blick fiel in die Wildnis. Noch lag nur stellenweise Schnee, und in der Ferne schien ein breitgespurter Weg bis zum niedrigsten Punkt des Gebirgszugs zu führen, steil bergan und ohne genaue Begrenzung. »Dort«, sagte Fatos, »haben sie das Vieh hinüber nach Montenegro getrieben. Hunderte Kühe und Ochsen gleichzeitig.«

Die Hütte wirkte komfortabel und schien auf größere Gruppen ausgelegt, wurde allerdings nur im Sommer durchgehend für Hiking-Gäste geöffnet und bewirtschaftet. Linker Hand befand sich der Eingang, der in einen steinernen Anbau und in die großzügige Küche führte. Durch eine zweite Tür kam man in die eigentliche Blockhütte, in das Ofenzimmer mit Tisch, mit hölzernen Stühlen und einem Sofa. Über eine grobe Holztreppe gelangten wir in das zweite Geschoss, wo sich eine Galerie mit Matratzen und unter den Dachschrägen zwei kleine Schlafkammern befanden. Fatos deutete auf die zweite, die kein Fenster nach vorne, dafür aber ein Oberlicht besaß: »Hier schläfst du! Schau, hier führt der Kamin durch, hier ist es am wärmsten.«

Mentor und Fatos fuhren drei oder vier Mal mit zwei Kettensägen in den Wald, um Totholz zu zersägen. Dann fuhren sie mit dem vollbeladenen Suzuki vor, und wir schichteten wahre Mauern an Feuerholz an die Hüttenwand. Die Rinde schützte die einzelnen Holzrollen vor Feuchtigkeit, jedenfalls solange Schnee fiel und Minusgrade herrschten, zu Scheiten schlug man sie erst vor dem Heizen. Jedes Mal, wenn die beiden wieder unterwegs waren, schwärmte ich aus und sammelte Tannenzapfen und Kleinholz, um später den Ofen damit anzuzünden.

Muße gab es mit Fatos und Mentor kaum, die beiden blieben in Bewegung. Der Tag war kurz, das Zeitfenster, um Holz zu schlagen, begrenzt. Und die geschlagene Menge würde über meine Aufenthaltsdauer entscheiden – sobald das Holz zur

Neige ging, musste ich absteigen. Die mannshohen Reihen, fünf an der Zahl, ließen bei mir jedoch gar nicht erst den Gedanken aufkommen, es könnte nicht reichen. Als alles Holz eingebracht war, standen wir kurz draußen in der klaren Luft, von Angesicht zu Angesicht mit der Südflanke der Hajla. Mentor trank Wasser, eiskaltes Wasser, während Fatos auf den Punkt zwischen den Tannenwäldchen zeigte, von dem aus ich es noch zur Hütte schaffen würde, wenn die Wölfe kämen. Er war dazu übergegangen, mich Janaq zu nennen. Wie üblich wurde mein etwas unhandlicher Vorname eingemeindet, in Südalbanien nannte man mich Jorgo, im Kosovo würde ich also fortan Janaq heißen: »Janaq, siehst du die Kuhle dort? Da schmeißt du dich notfalls rein.«

Mentors Mundwinkel zuckten nach oben, Fatos verzog keine Miene.

»Das ist ein Witz, oder?«

»Das schon, nicht aber die Wölfe!«

Einmal hätten sie ihn umzingelt, seien um die Hütte herumgeschlichen und hätten ein nächtliches Konzert gegeben, durch die Fenster habe er sie beobachten können. Erst früh am Morgen habe sich das Rudel verzogen, sei hinaufgetrottet – in schräger Linie Richtung Grat, Richtung Montenegro. »Weißt du, der Wolf ist das Totemtier des Rugova-Tals. Sie nennen ihn das Schwert Gottes.«

»Wer sagt das?«

»Die Alten. Mein Großvater ...«

. . .

Fatos ist um die fünfzig, hat einiges von der Welt gesehen, Amerika zum Beispiel. Er hat als Regisseur gearbeitet, um sich dann als Naturfotograf einen Namen zu machen. Die mühevolle Kleinarbeit, mit der er die Hütte in die Wälder an der Hajla gebaut, jedes Stück Material, Holz, Türen, Fenster mit dem Suzuki hinaufgefahren hatte – auf die höchsten Sommerweiden seines Großvaters –, wurde mir jetzt erst wirklich klar, als ich mit ihm und Mentor hier draußen stand, den Blick schweifen ließ und die Luft einsog. Mit dem Großvater, Ymer mit Namen, sei er aufgewachsen, erzählte Fatos, in ein und demselben Zimmer hätten sie geschlafen, zehn Jahre lang. Und jeden Abend, ob er wollte oder nicht, habe sein Großvater Geschichten erzählt, vom Dorf Pepaj, den Bergen und dem Leben dort. Der Großvater habe erst mit dreiundneunzig Jahren das Zeitliche gesegnet, da seien eine Menge Geschichten zusammengekommen – und die seien in ihn eingesickert, zu seinem Fleisch geworden. Arm seien die Dörfer im Rugova-Tal gewesen, arm in dem Sinne, dass niemand mehr als eine Handvoll Kühe oder Schafe besessen habe. Die Kühe für die Milch, die Schafe für die Wolle. Und gleichzeitig seien sie reich gewesen, reich an all den Ressourcen, die ihnen der Wald gegeben habe. Das Vieh jedoch sei das Einzige gewesen, das sich unten in Peja habe zu Geld machen lassen. Das Geld wiederum sei gebraucht worden für Zucker, Mehl und Kaffee, wobei der Kaffee immer nur den Gästen zustand, nie selbst getrunken wurde. Daher habe niemand auch nur ein Stück Vieh geschlachtet, um das Fleisch zu essen, niemand! Manchmal seien nachts die Wölfe gekommen, hätten die Gatter überwunden und das Vieh gemetzelt. Das waren Glückstage in Pepaj: Man nahm die Fährte der Wölfe auf, um die liegen gelassenen Kadaver zu finden, ins Dorf zu schaffen und auszunehmen. Wenn der Wolf Vieh riss, dann galt dies nicht als Verlust, sondern als Gewinn. Denn ab sofort gab es Fleisch – und nicht zu knapp. »Siehst du, das ist das Schwert Gottes: Wenn Gott will, dass du Fleisch isst, dann schickt er dir den Wolf. Der Wolf kommt, tötet und ist wieder weg.«

Dass der Wolf einen Menschen gerissen habe, daran könne sich jedoch keiner erinnern. Er habe seinen Großvater gefragt, sagte Fatos, und dieser habe geantwortet, weder ihm selbst noch seinem eigenen Vater sei derartiges bekannt. Seit mindestens hundert Jahren ist im Rugova-Tal und dem kosovarischen Teil der Verfluchten Berge also kein Mensch mehr durch einen Wolf zu Tode gekommen. Vielleicht auch, weil man mit ihm umzugehen weiß. Fatos meinte: »Wenn sie zu heulen anfangen, mach nicht den Fehler, in die entgegengesetzte Richtung zu rennen. Sobald sie heulen, bleib, wo du bist, klettere auf einen Baum. Sie haben dich umstellt, es ist eine Falle.«

»Also doch nicht in die Kuhle?«

Mentor wieherte, Fatos blieb ernst, die Warnung vor den Wölfen blieb es auch.

• • •

Gott wiederum, als Besteller der Wölfe und oberster Metzger, trägt sowohl auf der albanischen Seite als auch auf der kosovarischen keinen Namen. Obwohl Traditionen, Tracht sowie Geschichte dies- und jenseits des Hauptmassivs geteilt werden, in Nordalbanien und im Kosovo der gleiche Dialekt gesprochen wird, wohnt der jeweilige Gott doch in unterschiedlichen Häusern: In katholischen Kirchen einerseits, in Moscheen andererseits. Das liegt am einstigen Einfluss von Venedig entlang der Küste sowie der Osmanen im Binnenland. Die Berge dazwischen sind so massiv, dass sie mit den Sphären auch die Religionen scheiden. Dennoch gibt es ein Band, das stärker ist als das zum Pastor und zum Prediger, und das ist das zum Nachbarn, zur Familie und zum Stamm. Es gibt etwas, was den religiösen Bekenntnissen zuvorkommt, nämlich das Bekenntnis zum Ort, zu diesen Bergen und deren Eigenart. Beide Teile der Verfluchten Berge sind um dieselben hohen Gipfel herum angeordnet und bilden eine Einheit mit der rauen Natur, teilen Wege und Saumpfade – unabhängig von Grenzziehungen und den Herrschern über die Ebene. Diese Ebene mitsamt den Städten gilt als profan, das Dorf und die Bergwelt aber sind heilig, hier zu leben stellt eine religiöse Praxis dar.

Einmal sei sein Großvater Ymer mit der Axt losgezogen, um Feuerholz zu schlagen, erzählte Fatos. Die Axt jedoch habe er in Stoff eingewickelt und verborgen auf dem Rücken getragen. »Warum das?«, habe er gefragt.

»Nun, sieh doch! Einen einzigen Baum will ich schlagen. Den anderen auf dem Weg jedoch keine Furcht einjagen.«

. . .

Heute ist das gesamte Rugova-Tal weitgehend verlassen. Die Streudörfer bestehen aus Wochenendhütten, die einstigen Dorfbewohner leben in der Stadt, in Peja, in Prishtina, oder im Ausland. Am Fluss stehen großspurige Ausflugslokale, die Straßen bis zu den letzten Dörfern sind asphaltiert, Schaf- und Kuhherden gibt es kaum noch, das Schwert Gottes muss weit hinunterziehen, um seinem Auftrag gerecht zu werden, bis hin zum Asphalt und weiter. Fatos mag den Asphalt genauso wenig wie sein Suzuki, er sagt, mit dem Asphalt käme das Plastik und der Abfall.

OK, COMPUTER!

4 Zurück in Peja legte ich mir diese traditionellen wollenen Unterhosen zu – und etwas, das man nur als »Wams« bezeichnen konnte: ein grob gestricktes, ungefärbtes, schlecht sitzendes aber ungemein warmes, sackartiges Stück wollener Handarbeit. Beide Teile waren erschreckend günstig. Auch ein Messer besorgte ich mir sowie einen einigermaßen vernünftigen Anorak mit Kapuze. Edis hatte ja recht, eine Tweedjacke hatte ihre Grenzen, und die waren bei Wind und Schnee schnell überschritten. Dazu kamen ein dicker Pullover sowie Stricksocken und Füßlinge, wie sie in der Gegend üblich sind. Zusammen mit der chinesischen Unterwäsche aus Prizren standen mir also drei bis vier Kleidungsschichten zur Verfügung, das musste reichen. Meine Kiste mit Winterausstattung, wasserdichter Hose, guten Handschuhen, kniehohen Socken, Gamaschen und Spikes stand in Deutschland. Gute Schnee-

schuhe und weitere Ausstattung hatte ich in Georgien zurückgelassen, bei Freunden am Kazbegi, weil ich einerseits die Kosten für Aufgabegepäck gescheut hatte und andererseits im Glauben gewesen war, ich würde bald zurückkehren und die Gegenstände seien dort besser aufgehoben als irgendwo in Deutschland. Gewissermaßen stimmte das ja, denn egal wo meine Dinge jetzt waren, ich kam nicht an sie heran.

Dass ich Sachen verstreute, war seit ein paar Jahren mein Schicksal: Ich hatte Bücher auf Thasos in Griechenland, einen Koffer in Kobuleti an der Schwarzmeerküste, Möbel und weitere Bücher in Berlin, Kleidung und Dokumente in Franken. Das war nicht nur ärgerlich, es führte auch zu einer verminderten Kompetenz, es mit den Erfordernissen des Alltagslebens aufzunehmen. Wohl deswegen war es mir eingefallen, vor Jahresfrist ein altes Haus in Südalbanien anzumieten, dort wollte ich mich wieder zentrieren. Den Sommer hatte ich mit Renovierungsarbeiten verbracht – oder besser gesagt damit, das Haus überhaupt bewohnbar zu machen –, und ich hatte mich eigentlich darauf gefreut, herauszufinden, wie dort der Winter ausfallen würde.

Vor Ablauf meines Visums war ich auf der Fremdenpolizei in Saranda vorstellig geworden und auf einen äußerst freundlichen Kommissar gestoßen, der mir beim Verfassen meines Gesuchs beistand. Die Entscheidung über meinen Verbleib aber habe nicht er zu fällen, das übernehme eine vorgesetzte Stelle in Vlora. Nun heiße es warten, er würde sich bei mir melden. Ich hatte bei meinem Gesuch mit der allgemeinen Pandemiesituation argumentiert und dass ich in Deutschland gar nicht sesshaft und beruflich mit Albanien beschäftigt sei. Dass der Reiseführer, den zu verfassen man mich angeheuert hatte, auf Eis lag und vorerst auch nicht wiederbelebt werden würde, musste ja keiner wissen.

· · ·

Wochen gingen ins Land, während ich mich nach Kräften bemühte, das Haus winterfest zu machen, als eines Freitagnachmittags das Mobiltelefon klingelte. Es war der Kommissar aus Saranda. Er sprach langsam und formulierte Wort für Wort, sodass ich verstand: Vlora hatte abgelehnt, ich müsse das Land binnen dreier Tage verlassen. Um die Grenze trotz abgelaufenem Visum ohne Strafzahlung zu passieren, schicke er mir eine Mail, die ich ausdrucken und im Falle eines Falles vorzeigen solle.

Zunächst fiel meine Wahl auf Mazedonien, weil für die Einreise kein Test nötig war und der Flug nach Deutschland über Skopje günstig wäre. Am ersten Tag räumte ich das Haus auf, am zweiten nahm ich den Bus nach Tirana, am dritten fuhr mich ein Freund von dort bis zur Grenze am Ohridsee. Mit dem Auto konnte er nicht hinüber, weil man dafür eine Zusatzversicherung abschließen musste, die erstens teuer und für die zweitens keine Zeit geblieben war. Ich wollte also zu Fuß über die Grenze. Es war schon dunkel, als wir dort ankamen, es gab überhaupt keinen Verkehr, kein einziges Auto stand am Schlagbaum vor den Zollhäuschen. Glücklicherweise wollte mein Kumpel abwarten, bis ich die Grenze passiert haben würde, denn genau das geschah nicht: Die Zöllner kontrollierten meinen Pass, befragten dann ihr Computerprogramm, das wiederum ausspuckte, dass ich die Visumsfrist um Wochen überzogen hatte. Ich zeigte das Schreiben des Kommissars vor, es wurde gründlich studiert, ein weiterer Zöllner trat hinzu, und mir wurde erklärt, das gehe nicht. Mein Kumpel mischte sich ein, und es entspann sich eine jener albanischen Diskussionen, die sich ziehen können, ohne dass es neue Inhalte braucht. Die Heftigkeit des Schlagabtauschs und die Frequenz der hin- und herfliegenden Worte allein sind noch kein Garant, dass die Kontrahenten überhaupt gegensätzlicher Meinung sind. Und so war es auch diesmal: Die Zöllner weigerten sich, mich über die Grenze zu lassen, und zwar weil sie es gut mit mir meinten. Der Schrieb, den ich mitführte, hatte keinen Wert, denn Deutungshoheit kam allein dem Computerprogramm zu, und das verlangte 400 Euro für den Grenzübertritt als Strafe. Die beiden schlugen deshalb vor, ich solle nach Tirana zurück und die Angelegenheit dort irgendwie klären. Wir tauschten die üblichen Abschiedsformeln und guten Wünsche aus und schlichen durch die Dunkelheit zurück zum Auto. Ich fühlte eine Mischung aus Beschämung und Verwunderung, hatte ich doch von Anfang an das ganze Regelwerk beachtet, und jetzt das! Nicht einmal ausreisen durfte ich.

• • •

Mein erster Reflex war, die Sache irgendwie über die Einwanderungsbehörde zu regeln. Diese und der Grenzzoll sind jedoch unterschiedliche Einheiten, die beide ihre jeweils eigenen verschlungenen Wege aus Weisungen und Entscheidungen gehen. In Tirana kannte jemand jemanden, der mich ausführlich beriet, wie zu verfahren sei. Auf keinen Fall über welche Behörde auch immer agieren, jetzt, da ich offiziell illegal im Land war. Stattdessen über eine günstigere Grenze ausreisen, eine Grenze, an der der albanische Zoll nicht kontrollieren würde, keine Häuschen aufgestellt, sondern das gesamte Prozedere den Kollegen überantwortet habe, den kosovarischen Kollegen. Diese, und nur diese, würden den Grenzverkehr zwischen dem albanischen Gebiet Albaniens und dem albanischen Gebiet des Kosovo regeln. Wiedereinreise nach drei Monaten auch kein Problem: Das Kosovo würde meine Ausreise den albanischen Behörden melden, die sie vermerken würde, womit die Strafzahlung hinfällig sei. Ohnehin sei Letztere nur so eine Gebühr, die man sich unlängst ausgedacht habe, jedoch keine Strafe, die bestehen bleibe und später getilgt werden müsse: »Es gibt aber eine Hürde!«

»Die da wäre?«

»Du brauchst einen Test.«

Das Risikogebiet Deutschland hatte nämlich das Kosovo als Risikogebiet eingestuft und Einreisende mit einer Testpflicht belegt. Daraufhin hatte das Kosovo wiederum Deutschland als Risikogebiet eingestuft und die Testpflicht eingeführt – und zwar für sämtliche Inhaber eines deutschen Passes, egal ob sie die letzten Monate an der südalbanischen Küste oder in Paderborn verbracht hatten. Das konnte man absurd finden, was aber auch nicht weiter half.

Am nächsten Morgen saß ich daher in einem der neu eingerichteten Testzentren in Tirana, kam nach fünf Minuten an die Reihe, wunderte mich, dass das Stäbchen in der Nase so gar kein Problem darstellte, und bekam abends schon das Ergebnis – was hätte ich gelacht, wenn es positiv ausgefallen wäre und ich nicht hätte ausreisen dürfen! Ich schrieb Edis in Prizren, kündigte mich an und fuhr anderntags ohne weitere Probleme mit dem Bus ins Kosovo. Es war also das Resultat einer ganzen Reihe an Dingen, die schiefgelaufen waren, dass ich Ende November in Prizren landete.

LETZTE TAGE IN DER ZIVILISATION

In Prizren hatte ich noch mit den Umständen und meiner Ausweisung gehadert, doch in Peja war die Sache ebenso vergessen wie das Flugticket nach Deutschland: Zurück von der Hütte und vom Holzschlagen fühlte ich mich, als hielte ich, ohne dass ich zuvor Lose erstanden hätte, einen Hauptgewinn in den Händen: Nichts in der Welt war besser, als die kommenden Wochen hoch oben in den Bergen zu verbringen und dort den Winter einbrechen zu sehen, die klare Luft zu atmen, die Alm und die Aussicht zu genießen. Fatos hatte versprochen, sich zu melden, bevor es wieder hinaufgehen würde. Wann genau, das wisse er noch nicht. In vier, vielleicht in fünf Tagen. Ich hatte also noch ein bisschen Zeit, die Zivilisation zu genießen und Dinge zu erledigen.

· · ·

Eigentlich ist Peja an Touristen gewöhnt, aber meist kommen sie im Sommer und halten sich nicht lange auf, sind schon am nächsten Tag wieder unterwegs. Und in das Basarviertel gehen sie nur, um die kleinteiligen osmanischen Bauten zu bestaunen, die alte Moschee und das Treiben, nicht aber um eine Besorgungsliste abzuarbeiten. Seit dem Ausbruch jedoch, jenem des Virus und der allgemeinen Verunsicherung, sowie den Reisewarnungen fand kein einziger Tourist mehr ins Kosovo. Weil Kosovaren wie Albaner ein kommunikatives Völkchen sind, wurde ich fast überall nach dem Woher und Wohin befragt, beim Schneider, in der *qebaptore* (dem Kebap-Imbiss) oder während der Suche nach einem Jagdmesser. Der Basar ist wie eine Stadt in der Stadt, sowohl die beiden zentralen Achsen als auch die umliegenden Gassen und Gässchen sind weitgehend für den Verkehr gesperrt. Der Vergleich mit einer deutschen Fußgängerzone verbietet sich jedoch, denn im Basar regieren Handwerk, chinesische Billigwaren und gefälschte Markenkleidung. Am Straßenrand wird Gemüse feilgeboten, fliegende Händler verkaufen kiloweise Tabak vom Karren aus.

...

Den Schneider suchte ich auf, um meine Hikinghose nähen zu lassen, die zwar dünn und für hochsommerliche Temperaturen ausgelegt war, aber zumindest wasserabweisend. Bis wann ich die denn bräuchte?

»Möglichst schnell, ich warte auf einen Anruf, dann geht es hinauf.«

»Wohin?«

»An die Hajla.«

»Ah, zu Fatos!«

Der Schneider saß in einem winzigen, übervollen Kabuff voller Stapel von Stoffballen und grob geordneter Kleidung, erbot sich aber, den Riss gleich zu richten, ich solle nur warten. Binnen zehn Minuten hatte er ihn kunstvoll vernäht, ich nahm die Hose in Empfang und wollte zahlen. Doch der Schneider lehnte ab. Ich insistierte, für Arbeit, und noch dazu so gute, müsse bezahlt werden! Er gab nicht nach, und wir einigten uns schließlich darauf, dass ich für die Hose nicht bezahlen, wohl aber Münzgeld für zwei Kaffee dalassen dürfe. Zwei deshalb, damit er den ganzen Tisch, also auch den Kaffee seines Gesprächspartners zahlen konnte. Man zahlt nicht einzeln, das gehört sich nicht.

. . .

Ein gutes Messer zu finden, war hingegen nicht so leicht, ich fand nur Klappmesser, Butterflies und traditionelle Dolche – was alles zur Selbstverteidigung, als Tritt in einem Felsspalt oder zur Holzbearbeitung völlig ungeeignet war. Ich fragte mich durch, bis mir jemand den Weg zu einer Seitengasse am Basar wies, wo ich fündig wurde. Der Messerhändler war zugleich Schleifer und fertigte filigrane Taschenmesser selbst an. Er wollte wissen, wofür ich das Messer brauche, um mir eine entsprechende Auswahl vorzulegen.

»Gegen Raubtiere, insbesondere Wölfe.«

»Da hilft aber kein Messer.«

»Doch, psychologisch.«

Er präsentierte mir ein Kampfmesser, mit Parierstange und einer Bowieklinge von fünfzehn Zentimetern sowie kleineren Abnutzungserscheinungen, vor allem an der Klingenbeschichtung. In Deutschland gilt für solche Messer ein sogenanntes Führungsverbot, die Waffe darf nicht griffbereit transportiert werden und nur auf dem eigenen Grund und Boden benutzt werden, ist aber trotzdem frei verkäuflich. Neu kostet so ein Messer mindestens hundert Euro, wenn nicht sogar das Doppelte.

»Zwanzig.«

»Warum so günstig?«

»Es sind zu viele im Umlauf, das drückt den Preis.«

Ich war zu verdutzt, daher zahlte ich ohne weitere Umstände, also ohne nachzufragen, welcher Armee das Messer denn »entliehen« war. Stammte es noch aus dem Kosovokrieg oder von irgendeiner Sektion der KFOR-Truppen? Das Messer wies keine Marke auf, kein Emblem, kein gar nichts – ich würde es nie erfahren.

· · ·

Zum Friseur wollte ich noch und auch zum Zahnarzt, denn die Ecke eines Backenzahnes wackelte, seitdem ich auf einen Müsliriegel gebissen hatte. Nicht auszudenken, was passieren würde, wenn sich daraus Schlimmeres entwickelte, während ich am Berg war. Mentor hatte mir den Zahnarzt seines Vertrauens genannt, und dort wurde ich vorstellig. Der freundliche Herr agierte allein in einem werkstattartigen Obergeschoss mit winzigem Wartezimmer, alles war zweckmäßig und praktisch eingerichtet – offensichtlich fertigte er Brücken und Kronen selber an. Er besah sich das Malheur und sprach aus, was man von seiner Berufsgruppe nicht hören möchte:»Problem!«

Dann machte er mir verständlich, dass der Zahn durchgebrochen war und die wackelnde Ecke entfernt werden müsse. Ob ich eine Betäubung wünsche. Nein, wünschte ich nicht. Keine zwei Minuten später war die Zahnecke entfernt, es hatte ein bisschen gezogen, aber kaum geschmerzt. Der Doktor erwähnte *gjaku,* das albanische Wort für Blut, und dass dieses erst mittels des Tampons gestillt werden und die Wunde verheilt sein müsse, bevor er ein Provisorium einbringen könne. In zwei Tagen solle ich wiederkommen.

Der zweite Termin verlief ähnlich pragmatisch: Keine zwanzig Minuten vergingen, und ich hatte das Provisorium eingesetzt und auch noch eine schadhafte Stelle am Zahnhals ausgebessert bekommen. Ich fragte, was das kosten würde:
»*Sa kushton?*«

»Vierzig Euro.«

Ich händigte ihm einen Fünfzig-Euro-Schein aus, der Doktor kramte in seiner Kitteltasche nach einem Bündel Geldscheine und gab mir Wechselgeld, woraufhin ich mich ausführlich bedankte und wiederzukommen versprach.

· · ·

Anderntags schilderte ich Mentor beim Kaffee meine Verblüffung darüber, wie unkompliziert und schnell das alles gelaufen war. Ich berichtete auch, wie der Zahnarzt und ich uns verständigt hatten, erwähnte, dass bei dem Eingriff *gjaku*, also Blut geflossen war, und schloss mit der Feststellung, jetzt einen Zahnarzt in Peja zu haben. »Nein, du hast noch viel mehr. Du hast *gjakmarre* in Peja!«

Mentor befand, genaugenommen sei ich in eine Art Blutrache geraten, denn die wörtliche Übersetzung des albanischen Begriffs *gjakmarre* ist Blutnahme.

ES GEHT HINAUF

6 Schließlich war es so weit. Fatos meldete sich, um mir Bescheid zu geben, dass er mich am nächsten Vormittag abholen würde:»Nicht so früh diesmal. Um zehn oder so. Wir bleiben ja oben.«

Anderntags fuhr Fatos gegen eins mit dem Suzuki vor. Erst dachte ich, auf der Rückbank sitze ein Militär, beim näheren Hinsehen aber fiel mir auf, dass der Mann zwar Militäremleme, aber keine Schulterklappen und keine Rangabzeichen trug. Fatos stellte uns vor.»Das ist Barri. Mein Freund und Helfer.«

Ich grüßte auf Albanisch, Barri murmelte etwas mir Unverständliches durch seine schwarze Maske. Fatos hatte seine OP-Maske unter das Kinn geklemmt, mein Schaltuch war auf Bereitschaft. Neben der nächtlichen Ausgangssperre galt in Peja auch draußen eine Maskenpflicht, die aber flexibel gehandhabt wurde. Fatos legte den Gang ein, der Suzuki schepperte davon, wir bogen auf die Straße Richtung Rugova-Tal ein. Es ging los.

...

So unwegsam und abgelegen das Rugova-Tal auch scheint, es ist die einzige Verbindung vom Kosovo nach Montenegro, der einzige Schnitt in das Gebirge auf einer Länge von mehreren hundert Kilometern. Früher verliefen Handelsrouten durch die Dörfer und über die Pässe, und es wurde vor allem Vieh nach Montenegro getrieben. Selbst einen Saumpfad bis zur Adria hatte es gegeben. Daher stammt auch der Name: Rugova kommt von *rruga*, dem albanischen Wort für Straße oder Weg. Zwischen 1915 und 1918 besetzte Österreich-Ungarn das Kosovo und schlug eine Strecke in das Tal, ließ dabei die Dörfer jedoch links und rechts am Hang liegen. Noch in Fatos' Jugend waren die einzelnen Weiler nur zu Fuß zu erreichen. Dies änderte sich erst 1999, mit dem Ende des Kosovokrieges: Die Hauptverbindung wurde asphaltiert, Schneisen hinauf zu den Dörfern wurden geschlagen und diese an die Welt angebunden.

Die strategisch wichtige Lage machte das Rugova-Tal über Jahrhunderte zum Durchmarschgebiet fremder Soldaten. Während des Ersten Weltkriegs legten montenegrinische Einheiten das Tal in Schutt und Asche, zündeten noch die abgelegensten Bauernhöfe an, zerstörten die Gehöfte, die alten Wehrtürme, die Schuppen und fackelten selbst die Außentoi-

letten ab. Genau das gleiche Verhalten legten achtzig Jahre
später serbische Paramilitärs an den Tag, sie kamen über die
Berge und legten Feuer an die hoch gelegenen Wohnstätten.
Es ging dabei nie um militärische Ziele, Bergbauernhöfe sind
kein militärisches Ziel, es ging darum, die Lebensgrundlagen
und das kulturelle Erbe der albanischsprachigen Bevölkerung
auszulöschen. Deshalb nahm die UÇK, die Befreiungsarmee
des Kosovo, nicht wenige der vertriebenen Männer in ihre
Reihen auf und somit auch in den Kampf. Barri, der damals in
die Berge ging, betonte, es sei nie um etwas anderes gegangen
als darum, die angestammten Orte zu verteidigen, das Tal vor
marodierenden Verbänden zu sichern. Allein ihre Anwesenheit habe Übergriffe verhindert. Barri stammt ursprünglich
aus der Ebene, nicht aus den Bergen. Als er gerade frisch in der
UÇK-Uniform steckte, wurde er ins Rugova-Tal geschickt.
Wohl um sich einen Spaß mit dem Neuen zu machen, wies
man ihn an, sich auf dem Kamm zu verschanzen und Wache zu
halten. Es war Nacht, Minusgrade herrschten, der Wind pfiff,
Barri war kurz davor, sich Erfrierungen zu holen, als sich ein
Schatten aus der Dunkelheit löste und die Parole nannte. Es
war Fatos' älterer Bruder, ebenfalls in UÇK-Uniform:»Wer
bist du denn? Und wer hat dich hierher abgestellt?« Barri gab
Auskunft. Fatos' Bruder sagte:»Du steigst sofort ab, setzt dich
an den Ofen und trinkst heißen Tee! Das ist ein Befehl, ver-
stehst du mich? Ein Befehl!«
    Fatos studierte zu jener Zeit in Prishtina, trug also keine
Uniform. Erst als ihn sein Bruder wissen ließ, er werde gebraucht, machte er sich bereit. Zunächst galt es, auf der alba-

nischen Seite des Gebirges die notwendige Ausrüstung zu besorgen. Als Fatos auf dem Weg ins Rugova-Tal war, erreichte ihn die Nachricht, sein Bruder sei schwer verwundet: »Ihr lügt. Tot ist er.«

Fatos' Bruder fiel dort, wo ihr Großvater ein halbes Jahrhundert zuvor regelmäßig Patrouille gegangen war, im Hochland an der Hajla. Seitdem begleitet Barri Fatos ins Gebirge: Weil er dem älteren Bruder seine Rettung nicht mehr vergelten konnte, wurde es ihm zur Pflicht, den jüngeren zu schützen. Nicht noch einer in der Familie, nicht auch noch der verbliebene Sohn sollte sein Leben in den Bergen lassen. Barri sah den Fortbestand der Familienlinie in seiner Hand.

. . .

Pepaj konnten wir noch passieren, aber diesmal mussten wir den Suzuki weit unterhalb der Hütte stehen lassen und die letzten hundert Höhenmeter zu Fuß überwinden. In der Klamm lag zu viel Schnee, als dass man Felsen, Schlaglöcher und Fahrbahngrenzen hätte ausmachen können. Das Risiko, dass der Wagen durchdrehte, liegen blieb oder an den Abhang steuerte, war zu groß. Manche Passagen des Wirtschaftswegs waren in den Stein gehauen, sodass linker Hand ein Abgrund klaffte und rechter Hand die Felsen aufragten, Platz zum Manövrieren gab es nicht. Würde man dort stecken bleiben, käme man auch nicht mehr zurück. Mentor und Fatos hatten also recht behalten, binnen einer Woche war der Weg unpassierbar geworden, die Alm und die Hajla lagen unter einer ersten Schneedecke, nur vereinzelte Felskanten und Findlinge stachen aus dem Weiß heraus.

...

Kaum waren wir an der Hütte angekommen, machten sich Fatos und Barri ans Werk. Es war bereits vier Uhr, der Generator musste aufgestellt und angeschmissen, das Holz gehackt werden. Barri schnappte sich die Axt und schlug binnen weniger Minuten einen ansehnlichen Stapel Scheithölzer. Gleich drei Abzeichen der UÇK waren auf seiner dunkelgrünen Militärausstattung angebracht, wenn man jenes auf der schwarzen Gesichtsmaske mitzählte, die er abgenommen hatte, kurz nachdem wir Peja hinter uns gelassen hatten. Fatos nannte Barri in dessen Beisein einen Neandertaler, einen Touristenschreck. Denn Barri war es, der Besucher im Empfang nahm und auf die Hütte brachte, wenn Fatos verhindert war: Ein wortkarger Vierschrot, der keine drei Vokabeln Englisch sprach und beängstigend gut mit der Axt umgehen konnte.

Barri war keine Ausnahme, die Flaggen und Abzeichen der UÇK waren erstaunlich präsent in Peja. Schon auf der Hinfahrt war mir ein Banner aufgefallen – »FREIHEIT HAT EINEN NAMEN: UÇK« – sowie Kriegsdenkmäler links und rechts der Straße. Im Zentrum Pejas steht ein Mahnmal, auf dem Hunderte Namen der 1998 und 1999 gefallenen Kämpfer eingemeißelt sind, von roten UÇK-Flaggen umweht. Und der Messerhändler in Peja hatte mir einen UÇK-Aufnäher mitgeben wollen, als Geschenk, was ich abgelehnt hatte. Auf

Nachfrage hatte Mentor mir beim Kaffee erklärt: »Peja und Rugova waren schon immer eine Hochburg der Freiheitskämpfer. Früher waren es die Kaçaks, später wurde daraus die UÇK.«

...

In groben Zügen hatte mir Mentor die Geschichte des kosovarischen Freiheitskampfs erzählt, die zugleich eine Geschichte der Unterdrückung ist: Ende des Ersten Weltkriegs verleibte sich Serbien das zuvor osmanisch beherrschte Territorium des Kosovo ein, das mehrheitlich albanisch und muslimisch besiedelt war. Damit war dem Bestreben, einen einheitlichen albanischsprachigen Staat zu bilden, zusammen mit dem heutigen Albanien und den ethnisch-albanischen Gebieten Mazedoniens, ein jähes Ende gesetzt. Auch geriet die albanischsprachige Bevölkerung im Kosovo zunehmend unter Druck: durch Enteignungen, Schließung der albanischen Schulen, Ansiedlung slawischer Bevölkerung, Erschießungen von Lehrern, durch Plünderungen und Brandschatzungen. Bewaffnete Freischärler, die sogenannten Kaçaks, nahmen – recht erfolglos, aber ausdauernd – vor allem in den Bergen den Kampf auf: »Du musst dir das Kosovo als eine Art Kolonialgebiet vorstellen, dessen Bevölkerung systematisch unterdrückt wurde, weswegen es immer wieder zu Scharmützeln und Aufständen kam.« Die 1941 vorrückende deutsche Wehrmacht ist den Kosovo-Albanern deshalb als Befreier erschienen, nicht als Besatzer. Mit ihrer Hilfe wurde die verhasste

Fremdherrschaft ein paar Jahre lang abgeschüttelt, und es herrschte so etwas wie Freiheit – jedenfalls was Religionsausübung, Kultur- und Sprachgebrauch betraf. Doch nach dem Rückzug der deutschen Divisionen konnte diese Freiheit gegen die Maschinengewehre und gepanzerten Fahrzeuge der einmarschierenden jugoslawischen Armee nicht mit Vorderladern und Dolchen verteidigt werden, nur in den Bergen hielten sich ein paar Widerstandsnester. Im Sozialismus unter Tito bekam das Kosovo ab 1966 einen schrittweisen Autonomiestatus innerhalb der jugoslawischen Föderation: Albanisch wurde zweite Amts- sowie Unterrichtssprache und die Universität Prishtina wurde gegründet.

»Vorher hat es uns gar nicht gegeben.«

»Wie meinst du das?«

»Für Belgrad waren wir entweder Türken aufgrund der Religion oder aber Albanisch sprechende Serben beziehungsweise Jugoslawen – Albaner durften wir nicht sein. Wir hatten im Kosovo nach nationalistisch-serbischer Auffassung einfach nichts verloren.« Schon bald nach Titos Tod 1980 geriet die föderale Ausrichtung des jugoslawischen Staates und damit der Autonomiestatus des Kosovo jedoch ins Wanken. Den Todesstoß versetzte ihm Slobodan Milošević, der 1989 Präsident Serbiens wurde: Schrittweise wurde die Autonomie eingeschränkt, Rechte wurden zurückgenommen, Albaner aus der Verwaltung und dem öffentlichen Leben gedrängt. Jugoslawien zerfiel, das Kosovo aber blieb zwangsweise unter serbischer Herrschaft. Dagegen regte sich breiter Widerstand, es kam zu Massendemonstrationen. Als diese immer brutaler niedergeschlagen wurden, formierte sich eine Art Volkswehr, die *Ushtria Çlirimtare e Kosovës (UÇK)*, die Befreiungsarmee des Kosovo. Ganz im Geiste der alten Kaçak-Bewegung lautete das Ziel nun nicht mehr Autonomie, sondern Befreiung. Notfalls durch bewaffneten Kampf.

Mentor meinte, der Krieg sei unausweichlich und nur eine Frage der Zeit gewesen: »Einer hält die Tür zu, der andere drückt dagegen, beide wenden immer mehr Kraft auf – irgendwann bricht das Holz!« Die Nationalisten in Belgrad sahen das Kosovo als Teil des Mutterlandes an und gingen rigoros gegen die Proteste der albanischsprachigen Bevölkerung vor. Mentor hatte mir zwei, drei Geschichten aus entlegenen Dörfern erzählt, die ausreichten, um mir klarzumachen, warum der Weg des bewaffneten Widerstands eingeschlagen wurde. Der Übergang von Unruhen zu bewaffneten Auseinandersetzungen bis zum Krieg war fließend, das Massaker von Drenica aber markierte einen Wendepunkt: Im Februar 1998 rückte die serbische Sonderpolizei MUP gegen Dörfer vor, in denen sie den UÇK-Anführer Adem Jashari vermutete. Den fanden sie nicht vor, brachten dafür aber 87 Dorfbewohner um. Jetzt herrschte Krieg, und halb Kosovo floh außer Landes. »Schau doch: Der Begriff Krieg ist natürlich recht unzureichend, wenn sich nicht zwei Staaten oder zwei Armeen gegenüberstehen, sondern ein Staat gegen eine Ethnie vorgeht. Es war ein Krieg gegen Menschen, und als diese geflohen waren, gegen Sachen, gegen das Vieh, die Häuser, ja gegen die zurückgelassenen Hunde: Sie haben die Hunde erschossen und in die Tiefkühltruhen der Stadthäuser gelegt, auf den Dörfern das

Vieh in die Brunnen geschmissen, die Vorhänge der kleinen Häuser angezündet und sind weitergezogen ... Es war nie vorgesehen, dass wir eines Tages wieder zurückkehren.«

Erst mit dem Einmarsch der Nato im Frühjahr 1999 wurde der Landstrich oberflächlich befriedet, nun packte die serbischstämmige Bevölkerung die Koffer, um insbesondere die multiethnischen Städte wie Prizren oder Peja auf Nimmerwiedersehen zu verlassen. Formal unabhängig wurde das Kosovo am 17. Februar 2008, also fast zehn Jahre nach dem Ende des Kosovokriegs. Allerdings erkennen zahlreiche Staaten dies und damit den kosovarischen Pass nicht an, darunter natürlich Serbien, aber auch Spanien, Argentinien, China oder Russland.

»Du kennst doch Arianit Nikqi?«

Den kannte ich, er ist eine regionale Berühmtheit, seitdem er zusammen mit seiner damals siebzehnjährigen Tochter die sieben höchsten Gipfel aller Kontinente bestiegen und damit einen Rekord aufgestellt hatte.

»Der konnte überhaupt nur nach Südamerika einreisen, weil der albanische Präsident ihm eigens dafür einen albanischen Pass ausgestellt hat!«

ALWAYS BAUSTELLE

In der Küche, im Ofenzimmer, auf dem Boden, an den Wänden: Überall war Baumaterial verteilt, Latten, Bretter, Nägel, Schrauben und Werkzeug. Fatos hatte begonnen, die Hütte nach hinten zu erweitern, und war dabei, ein weiteres Zimmer auszubauen. »Das wird das schönste!«

Er zeigte mir das Fenster nach Süden und damit zum Sonnenverlauf. Vom Tal war allerdings nichts zu sehen, zu weit zog sich der Kamm, zu dicht standen die Tannen. Fatos arbeitete bis weit nach Mitternacht und ging Stunden nach mir zu Bett. Ich begann zu begreifen, wie es diesem Mann möglich gewesen war, mit einem Suzuki und einem Paar Hände eine Hütte in die Wildnis zu setzen. Und ich begriff, was Mentor gemeint hatte, als er gesagt hatte: »Die Hütte wird nie fertig.«

Sie wird nicht fertig, weil Fatos schon den übernächsten Plan im Kopf hat: Auch im Erdgeschoss will er ein Schlafzimmer anbauen, ein Schlafzimmer mit eigenem Bad. So sei das heute nun mal, sagte Fatos, die Gäste würden ein eigenes Bad wollen, auch in den Bergen, was könne man da machen ...? Er saß staubbedeckt am Tisch, zündete sich eine Zigarette an, grinste und fasste sein Programm zusammen: »Baustelle. *Always* Baustelle!«

Die Hütte an der Hajla und Fatos, das war ein und dasselbe, sie war sein Werk, und solange er lebte, würde er sie weiter ausgestalten.

· · ·

Ich kam mir in den ersten Tagen wie unnützes Beiwerk vor, wie importierter Zierrat, weil ich nicht zur Hand gehen durfte – dafür sei Barri zuständig, hatte Fatos mein Angebot ausgebremst. Barri war als Handlanger im Untergeschoss positioniert, saß nahezu regungslos auf der Couch, bis Fatos von oben nach ihm oder nach etwas rief. Dann wuchtete er sich hoch, um Latten, Werkzeug oder Verschalungsmaterial auf die Galerie zu befördern. Zwischendrin hielt er den Ofen am Laufen und schlug etwas Holz, sobald Mangel drohte. Zudem sorgte Barri dafür, dass in drei hochwandigen Blechkannen stets ausreichend heißes Wasser zur Verfügung stand: zum Kochen, zum Händewaschen oder für türkischen Kaffee. Er deponierte sie morgens auf dem Ofen und hielt sie den gesamten Tag über gefüllt. Das Einzige, was ich machen durfte, war die Tür aufhalten oder Tee. Wahrscheinlich hatte Fatos schlicht keine Lust, sich mühsam auf Englisch zu verständigen, wenn für Barri knappe Ansagen völlig reichten. Wahrscheinlich wäre meine Hilfe aber auch gar keine gewesen, sondern hätte den Arbeitsfortschritt nur verzögert.

Es gab ein kleines batteriebetriebenes Radio, das Fatos immer dann anschmiss, wenn es an die Arbeit ging. Am besten empfangen ließ sich ein montenegrinischer Rock-Pop-Sender, weshalb slawische Stimmen die Brücken zwischen den Songs bauten und zur vollen Stunde die Nachrichten verlasen. Sobald Fatos nicht aufpasste, nahm Barri die Chance wahr, einen kosovarischen Volksmusik-Sender einzustellen. Er hatte jedoch die schlechteren Karten, denn es schien, als würde ein Windstoß ausreichen, um die ganze Sendeanlage zu fällen, so schnell kippte der Sender in Rauschen und Knistern um. Das wiederum diente Fatos jeweils als Vorwand, zum internationalen Pop- und Rockgeschäft zurückzukehren. Die Pausen, die Fatos machte, hatten die Längen von Zigaretten. Kommunikation mit Barri war bis auf kurze Abstimmungen kaum möglich, und so saß ich hauptsächlich vor dem Rechner und sah Texte durch. Aber jedes Mal, wenn Fatos eine Pause einlegte, ein Bier öffnete oder eine Zigarette anzündete, war Gelegenheit für eine kurze Frage, die er dann mit Geschichten beantwortete. Dieser Rhythmus war ideal, um mithalten zu können, Notizen zu machen und später nachzufragen. Fatos war, was die Arbeit anging, ein Tier – selbst das Abendessen stellte lediglich eine Gelegenheit dar, eine Zigarette mehr zu rauchen, bevor es wieder losging. Zuweilen erledigte Fatos das Kochen selbst, schmiss irgendwelche Sachen in den Topf, während er im Vorraum Material sichtete. Dann verblüffte er mich mit dem Ruf: »Janaq, essen kommen!«

Es handelte sich in Wahrheit um eine Art Fütterung, nur die erste halbe Minute verlief diszipliniert. Fatos tat auf, schob uns die Teller hin, und wir beugten uns wie junge Hunde darüber. Barri hatte die Angewohnheit, während des Essens zufrieden zu schnaufen, Fatos schaufelte sich so schnell wie möglich durch den Berg Nahrung, um zur Zigarette durchzustoßen. Ich wiederum war versucht, durch die Verringerung des Abstandes zwischen Mund und Teller die Geschwindigkeit der Essensaufnahme zu steigern. Barri und Fatos aßen zweimal täglich. Irgendwann nachmittags und irgendwann abends. Für den Morgen und den Vormittag reichte allein das Koffein als Antrieb.

ES IST DER FLUCH
DER EBENE

8 Das Gebirge, in dem ich mich befand, hatte mich schon
zuvor beschäftigt, wenngleich von der albanischen Seite
aus. Bei klarem Wetter konnte man von unterhalb der Hütte
hinübersehen, über das Rugova-Tal hinweg bis zum Jezerca,
dem höchsten Berg Albaniens, und der Zackenkrone der Fels-
gipfel oberhalb des Streudorfs Thethi. Irgendwo entlang der
Taleinschnitte oder auf halber Höhe verliefen die alten
Saumpfade, die die alte venezianische Handelsstadt Shkodra
mit dem Hochland verbunden hatten, jetzt aber in Verges-
senheit geraten waren. 2009 war ich mit einem albanischen
Freund erstmals in Richtung Verfluchte Berge aufgebrochen – er hatte genauso wenig Ahnung wie ich, was uns erwar-
ten würde. Über die Kleinstadt Bajram Curri gelangten wir in
das Valbona-Tal, hatten Süßigkeiten in den Taschen, als wür-

den uns dort oben die Kinder nur so umlagern. Später kam ich auf verschiedenen Wegen nach Thethi, in jenen Talkessel, der aufgrund seiner Unzugänglichkeit jahrelang selbst den Albanern suspekt blieb – bis das Tal touristisch erschlossen wurde, was den verbliebenen Familien ein Auskommen ermöglichte. Mag sich das Leben im Tal seitdem grundsätzlich verändert, mögen die Anbauten und der Geschäftssinn zugenommen haben, das schroffe Theater der Berge blieb davon unbeeindruckt. Unwirtlich ist nur ein unzulängliches Wort für die jungfräuliche Erscheinung der Gebirgszüge, die mächtig und nicht durch Schneisen oder Lifte domestiziert das Leben zu beherrschen scheinen. Niemand, der je dort oben war, kann sich dieser Macht, dieser Größe und Gegenwart entziehen. Sie dringt in einen ein, sie ist spürbar. Schon länger wollte ich einmal im Winter dorthin gehen. Allerdings hatte mir dabei stets der Talgrund vorgeschwebt. Es gibt, abgesehen von kargen Schäferhütten, die ausschließlich während des kurzen Sommers genutzt werden, keine einzige Berghütte in den gesamten Verfluchten Bergen – Fatos' Unterkunft im nordöstlich gelegenen Gebirgszug der Hajla stellt eine Ausnahme von dieser Regel dar. Und genau hierhin, oh Wunder, hatte es mich verschlagen.

. . .

Fatos lehnt die inzwischen vermehrt gebräuchliche Bezeichnung »Albanische Alpen« als unsinnig ab und hält am althergebrachten *Bjeshkët e Nemuna*, also Verfluchte Berge, fest.

Meinen Einwand, dass man es doch bei »verwunschen« belassen könnte, jedenfalls in der Übersetzung, lässt er nicht gelten. Ebenso wenig den Gedanken, dass sich der Begriff auf die Qualität der Weidegründe beziehen könne, also wie die amerikanischen *badlands* auf unwirtliches, unbrauchbares, selbst den Schäfern nicht zugängliches Land. Das ergibt für Fatos schon deswegen keinen Sinn, weil der Name des Gebirges nicht von den Bewohnern stamme, dem Stamm der Kelmendi – diese brauchten nur für die einzelnen Täler, die Almen und die Wasserstellen Namen, jedoch nicht für die Gesamtheit des Gebirges –, sondern von Fremden: von den Anführern durchziehender Heerscharen, die dort ausbluteten, von ihren Hinterbliebenen. Der Name ist eine Zuschreibung von außerhalb. Eine ganze Armee soll am einen Ende in das Gebirge hinein- und am anderen nicht mehr herausgekommen sein. Im Radius von wenigen Kilometern um Fatos' Hütte gibt es bestimmt ein Dutzend verschiedene Grabstätten: Ein Mahnmal für eine Familie, deren elf Mitglieder 1985 mitsamt dem Vieh unter einer Lawine begraben wurden. Das einsame Grab eines Ortsfremden, der den Abstieg nicht geschafft hat, es ist hölzern umfriedet und sieht aus wie ein Ziegenpferch. Die verstreuten Ruhestätten der sogenannten *ghazi*, niedere Soldaten der osmanischen Armee. Irgendwo liegen die Gebeine von zwölf serbischen Partisanen, die vom montenegrinischen Rozhaja aus aufstiegen, um im Hochland gegen die SS zu kämpfen, die Gräber wurden nie gefunden. Der sogenannte Zigeunerstab, der die Stelle bezeichnet, an der ein Rom ums Leben kam, der auf dem Weg zu einer

Hochzeit war, aber von Eis und Schnee überrascht wurde. Und zu guter Letzt das Grab von Vater und Sohn: Der Vater war bei der SS gewesen, wurde nach dem Krieg von der jugoslawischen Sicherheitspolizei gesucht und hielt sich bis 1947 in einer Höhle unterhalb der Hajla versteckt. Die Miliz heftete sich schließlich an die Fersen des Sohnes, der dem Vater Vorräte hinaufbrachte, wartete ab, bis beide vor der Höhle standen, und erschoss sie an Ort und Stelle. Für die Miliz war der Vater ein Kollaborateur, womöglich ein Kriegsverbrecher, den Bewohnern des Rugova-Tals galt er jedoch als Kaçak, als Freiheitskämpfer, der vorübergehend eine fremde Uniform getragen hatte.

Es ist also die Ebene, deren Fluch auf dem Gebirge liegt. Eine von zahlreichen Legenden zitiert die Verwünschungen ferner Mütter, deren Söhne im Gebirge geblieben sind. Verflucht wurden die Berge von Fremden, denjenigen, die sich nicht auskannten, den Pfad oder das Wasser nicht fanden, von Lawinen oder Felsen begraben wurden, verdursteten, in einen Hinterhalt gerieten oder abstürzten. Und von denjenigen, die die steilen Felswände nur von Ferne sahen oder gar nur vom Hörensagen kannten. Zusammen mit der albanischen Mirdita weiter südlich gehören die Verfluchten Berge zu jenen Gebieten des albanischen Sprachraums, in denen sich nie dauerhaft eine fremde Obrigkeit etablieren konnte. Sie blieben den Imperien der Ebene ein feindliches, undurchdringliches, lebensgefährliches, verfluchtes Gebiet. Jeder Versuch, dort Fuß zu fassen, um Steuern einzutreiben oder Vieh zu plündern, scheiterte früher oder später am hohen

Blutzoll oder an der Kampfbereitschaft der Bergbevölkerung, die sich ihr Wissen über das Gelände nutzbar zu machen wusste. Deshalb war es einigermaßen vernünftig, dass die deutsche Wehrmacht erst gar nicht versuchte, das Rugova-Tal zu besetzen. Stattdessen wurden die Bergbauern von der SS rekrutiert, bekamen eine rudimentäre Ausbildung und Uniformen verpasst und wurden mit Gewehren und Munition ausgestattet. Ein Kontingent von etwa vierhundert jungen Männern stand im Rugova-Tal unter Waffen. Beide Großväter von Fatos ließen sich für die SS anwerben und gingen auf Patrouille an der Hajla, im Grenzgebiet zu Montenegro. Im Gebirge waren serbische und montenegrinische Paramilitärs unterwegs. Einer ihrer Anführer trug den Namen Josip Broz Tito, der spätere Präsident der neu gegründeten Sozialistischen Föderativen Republik Jugoslawien.

Insbesondere der Tod der zwölf Partisanen beziehungsweise deren spurloses Verschwinden war nach dem Zweiten Weltkrieg Gegenstand von Untersuchungen. Ausgerechnet Fatos' Großvater Ymer wurde von der jugoslawischen Miliz als ortskundiger Bergführer angeheuert. Er führte sie auf die Weiden und zu den Sommersiedlungen und beteuerte, dass es an der Hajla kein Massengrab gebe – er wisse, wovon er spreche. Dass Ymer es selbst war, der zusammen mit einigen Kameraden auf jene Partisanen gestoßen war und sie erschossen hatte, das erzählte er Fatos erst, nachdem das Kosovo unabhängig wurde. Zuvor hatte niemand aus den Dörfern den Vorfall auch nur erwähnt, alle hatten dichtgehalten. Das müsse ich mir klarmachen, hatte Fatos gesagt, allein in diesem jahrzehnte-

langen Schweigen liege das Verständnis, wie wichtig, wie un-
umgänglich die Unabhängigkeit des Kosovo gewesen sei: »Erst
seit der Unabhängigkeit können wir frei sprechen, müssen
nicht befürchten, etwas zu verraten, was uns oder unsere An-
gehörigen in Gefahr bringt. Erst jetzt können wir unsere Geschichten erzählen!«

WEISSES RAUSCHEN

9 Der Schnee war nachts gekommen, nicht in großen Flocken, sondern als stetes, feines Rieseln, das durch die Tannen rauschte. Hütte und Alm lagen in dichtem Nebel, der Wind fuhr über die Fläche und bewegte die Tannen. Fasziniert stand ich am Morgen vor der Hütte, als Fatos und Barri noch schliefen, um dieses umfassende Geräusch aufzunehmen. Eine Kindheitserinnerung holte mich ein, war es nicht Heidi, die sich nach dem Tannenrauschen gesehnt hatte? Jetzt wusste ich, was das war, wie es klang. Die Tannenwipfel bewegten sich nur leicht im Wind, weshalb ich sie zunächst nicht für die Quelle des Geräuschteppichs hielt. Das Rauschen kam von überallher und von allen Seiten zugleich, überstimmte den Wind und jedes andere Geräusch, schien die gesamte Welt zu umfließen. Es war, als stünde man in einem Ozean. Am Meer hätten die Wellen einen Takt vorgegeben, das Geräusch strukturiert, in einzelne Segmente unterteilt.

In einem Wald in der Ebene hätte sich das Rauschen ausdifferenziert, die unterschiedlichen Bäume hätten verschieden geklungen, die Laubbäume hätten geächzt oder geknackt, der Wind hätte am Unterholz gezerrt und wäre lautstark in die Kronen gefahren, hätte angehoben und nachgelassen, je nachdem, wo er gerade attackierte. Nicht so hier oben, die Tannen waren zu einem fortlaufenden Band vereinigt, zu einer einheitlichen Kulisse zusammengefügt. Ober- und Untertöne fehlten, Kontrapunkte gab es nicht, der Tannenwald war ein Chor, sprach mit einer Stimme, summte die gleiche, brausende Melodie. Das wirkte unheimlich, ich bekam automatisch das Gefühl, die Tannen würden leben. Und zwar als Ensemble, als Einheit, als Wald. Ich würde in diese Wand nicht hineingehen, nicht solange sie so eindringlich zu mir sprach. Und wer wusste schon, was sich unterhalb der Wahrnehmung gerade durch diese Geräuschkulisse bewegte. Sie und der Wolkennebel waren die perfekte Tarnung.

Von drinnen hörte ich schwere Schritte, Barri war aufgewacht und stapfte durch die Küche, um Kaffee zu machen. Ich war mir sicher, dass er dem Wind und den Tannen nicht einen einzigen Gedanken widmete, für ihn war beides absolut gewöhnlich, nichts Unheimliches und nichts Romantisches, sondern Standardwetter für diese Jahreszeit. Barris Priorität war Kaffee, dann kamen das Holz und der Ofen, anschließend würde er im Sessel versinken, bis Fatos aufstand, erneut Kaffee kochen, und dann würden sie sich gemeinsam an die Arbeit machen. Frühstück stand ebenso wenig auf ihrer Tagesordnung wie sinnloses Draußen-Herumstehen und Natur-

Anglotzen. Wenn sie hinausgingen, dann um etwas Konkretes zu tun. Länger als unbedingt nötig hielt sich keiner der beiden in Schnee und Wind auf.

...

Zwei Tage später, als das Schneetreiben nachließ und es aufklarte, war kaum noch etwas von der Alm zu sehen, die Hajla war vollständig vom Weiß verschluckt, der Schnee lag dick und weich auf Steinen und über den Felsen. Barri hatte sich nachmittags mit Verweis auf Frau und Kinder verabschiedet, war zu Fuß losgezogen. Die drei Tage, die Fatos für die Aus- und Verbesserung der Hütte angesetzt hatte, waren vorüber, Fatos jedoch noch nicht zufrieden: »Ich bin erst fertig, wenn das Material alle ist!«

Er werkelte vor sich hin, unten bollerte der Ofen, was das Zeug hielt, und heizte bis unter die Dachbalken. Die Sägespäne und der feine Staub vom Steinschneiden lagen auf Sofa, Holzstühlen und im Gebälk, in unseren Lungen sicherlich auch. Barri muss ungeduldig geworden sein und dann beschlossen haben, dass meine Anwesenheit genügte. Oder er wollte das Schönwetterfenster nutzen, um bequem nach unten zu gelangen. Ich war gar nicht vor Ort, als Barri aufbrach, ich war oben an der Flanke der Hajla, wo ich in den Tagen davor eine Spur durch den Schnee hinaufgetrieben hatte. Inzwischen hatte ich bis auf etwa hundert Höhenmeter den Grat fast erreicht. Auch einen Pfad zur linken Seite hatte ich gespurt, bis weit unterhalb eine verlassene Schäfersiedlung sichtbar wurde: windige Hütten, schon halb im Schnee versunken. Zum einen wollte ich die Umgebung erkunden, um mir einen Überblick zu verschaffen. Zum anderen war mein Ehrgeiz, Wege durch den Schnee zu präparieren, die ich bei entsprechender Pflege auch unter widrigen Umständen noch laufen konnte – möglichst um früher oder später oben zu stehen, auf dem Gipfel der Hajla oder wenigstens auf dem Grat. Noch im Tal hatte ich mir vorgestellt, welche Touren ich gehen, welche Ausflüge ich unternehmen würde und dass es mir doch möglich sein müsse, bis zum Gipfel zu gelangen. Inzwischen aber wurde mir klar, dass das nicht so leicht sein würde, denn das Terrain war unangenehm steil, der Schnee stellenweise knietief und nass, insbesondere beim Absteigen geriet ich mehrfach ins Rutschen. Mit normalen Stiefeln kam ich nur schlecht voran. Es war kräfteraubend, und wenige hundert Meter fühlten sich an, als wäre ich bereits einen Kilometer unterwegs. Die wenigsten Dinge, die auf Fotos idyllisch anmuten, sind es in Wirklichkeit auch. Eine Blockhütte im Tannenwald inmitten einer Schneewüste, aus deren Schornstein Rauch aufsteigt, wirkt anheimelnd. Fotos erzählen weder von der Anstrengung, dort hinzukommen, noch vom Aufwand, dort zu sein und zu bestehen.

BESUCH IN TURNSCHUHEN

10 Fatos lehrte mich, den Generator zu bedienen. Er hatte ihn hinter der Hütte hangabwärts platziert, von einer riesigen Tanne geschützt, sodann die Stromleitung gelegt
und den Generator mit Wellblech abgedeckt. Man musste
den Choke mit dem Knie hochdrücken, während man den An-
lasser riss, und dann dem Motorengeräusch entnehmen, wann
und wie schnell man zurückregeln musste. Ich brauchte ein
paar Anläufe, aber schließlich erstrahlte die Hütte in Fest-
beleuchtung, und auf den Steckdosen war Strom. Darüber hinaus gab es eine kleine Solaranlage, die mit einer Glühbirne im
Ofenzimmer verbunden war und das nötige Licht stiftete,
wenn der Generator ausblieb. Natürlich nur, wenn die Sonne
schien und man die Batterie regelmäßig auflud.

Überdies hatte Fatos mir den Ort für den Mobilfunk-
empfang gezeigt: Es gab ein Fenster, das talwärts lag, wenn
man sich die Tannen wegdachte, wo sich »Edge« einstellte und

nach mehrmaligem An- und Ausschalten auch »3G«, wenn auch jeweils nur für ein paar Minuten. Aber egal, das war das Fenster zur Welt, E-Mails und gelegentlicher Nachrichtenkonsum waren also möglich. Ob ich nicht auch ab und zu Küche und Vorbau heizen müsse, wollte ich von Fatos wissen, denn er hatte davon gesprochen, dass er, sobald er die Hütte verließ, stets die Rohre ablassen musste, damit nichts einfror. Er verneinte: Es müsse schon auf minus vier Grad in der Küche runtergehen, bis das notwendig würde. Davon könne aber keine Rede sein, solange im Nebenzimmer geheizt und ab und zu die Tür geöffnet würde: »So, Janaq, jetzt weißt du alles, was du wissen musst.«

Ich bejahte, war mir da aber nicht ganz so sicher.

. . .

Fatos' Arbeit schritt voran, mithelfen durfte ich nach wie vor nicht. Für seinen letzten Abend auf der Hütte hatte sich Besuch aus Peja angekündigt, zwei Verwandte von ihm, junge Burschen, die noch nie hier oben gewesen waren. Doch dann hatten sie nichts mehr von sich hören lassen. Während oben schönster Sonnenschein herrschte, lagen Tal und Ebene unter einer dichten Wolkendecke. Aufgrund des vermeintlichen Schlechtwetters hatten die beiden den Aufbruch bis zum Abend hinausgezögert, Fatos' Information, dass die Hütte mit dem Auto nicht erreichbar sei, jedoch keinen Glauben geschenkt. Ich hatte mittags schon Bohnen aufgesetzt, aber niemand kam. Es stellte sich heraus, dass sie mit dem SUV im

Schnee stecken geblieben waren. Sie mussten zurücksetzen und den ganzen Weg zu Fuß in Angriff nehmen. Von Pepaj aus, wo sie den Wagen stehen lassen hatten, hatten sie noch Bescheid gegeben, in der Klamm aber war der Funkkontakt abgebrochen.

»Sollen wir ihnen nicht entgegengehen?«

»Die kommen schon.«

Erst um halb elf kamen sie auf der Hütte an, beide in diesen riesigen pelzgesäumten Parkas, die man in der Stadt für adäquate Winterkleidung hält. Nur einer der beiden trug Stiefel, der andere Turnschuhe. Taschenlampen hatten sie zum Glück dabei, jedoch keine Stirnlampen. Wir statteten sie mit trockenen Sachen aus, beide verlangten nach einem Glas Wasser, der Tee wurde verschmäht. Zu viert saßen wir am Tisch, aßen den Bohneneintopf und gingen zum Bier über. Es würde meine letzte Gesellschaft sein bis Silvester, dann wollte eine größere Gruppe Polen, fünfzehn an der Zahl, wie schon im Jahr zuvor auf der Hütte feiern – zahlende Gäste. Ich könne aber trotzdem bleiben, hatte Fatos gesagt, kein Ding, sein Haus sei auch mein Haus, und er habe den Polen schon Bescheid gesagt, dass diesmal ein deutscher Hilfskoch mit von der Partie sei. War das wieder ein Witz, oder schmeckten ihm die Bohnen? Ich hatte Oregano benutzt und scharfen Paprika, den Topf den halben Tag lang auf dem Ofen simmern lassen, bis die Bohnen fast zerfielen.

Die Unterhaltung wurde größtenteils im lokalen Dialekt geführt, und außer halben Sätzen und ein paar Wörtern verstand ich rein gar nichts. Zu unterschiedlich sind die Sprachfärbungen, als dass jemand wie ich, der sich mühsam im Toskischen des Südens zurechtfand, es mit dem Gegischen des Hochlands auch nur annähernd aufnehmen konnte. Das Albanisch des Hochlands unterscheidet sich nicht nur durch unterschiedliche Wörter von dem der Küste, sondern vor allem durch die wesentlich dunkler gesprochenen Vokale. Sie banden mich jedoch immer wieder ein, sei es, indem sie etwas auf Englisch übersetzten oder deutsches Vokabular verwendeten: »Wie geht es? Was machst du hier?«

Der eine der beiden war in Deutschland gewesen, aber schon nach drei Monaten Asyl zurückgekehrt, als sein Dorf befreit war. Den Namen seines Deutschlehrers wusste er noch, und er hatte einen ganz erstaunlichen Wortschatz behalten: »Schlafen, essen, arbeiten, kaputt, schneller.« Deutschland sei wie sein Bruder, sagte er in meiner Sprache und zeigte sich auf das Herz: »Respekt.«

Der andere pflichtete ihm bei und lobte die deutsche Wirtschaft. Auch Fatos sprach ein paar Brocken Deutsch, er erwähnte die Befreiung Prizrens 1999 durch deutsche Soldaten, den Fuchs-Panzer, der Monate auf jener Brücke Wache hielt, die heute Fuchsbrücke heißt. Die SS und Asyl, Bundeswehrpanzer und Wirtschaftsleistung, das waren meine Pfründen in diesem Landstrich, dafür zahlte man mich in der wichtigsten Währung aus, die es im Hochland des Amselfeldes gab, dem Respekt. Mehrfach hatte ich Fatos missverstanden und eine Information um fünfzig Jahre falsch verortet, weil er gesagt hatte »nach dem Krieg«. Der Krieg, der im Kosovo gemeint ist, liegt jedoch nicht weit zurück, er ist noch zugegen.

Er bestimmt die Erfahrung und auch so manche Handlung: Das alte Sofa, das vor der Hütte stand, hatten wir nicht einfach zerlegt, wir fackelten es ab, sodass niemand anderes auf dieselbe Idee kommen könnte. Zu häufig war es vorgekommen, dass einsame Gehöfte oder Dörfer in ungünstiger Lage nachts heimgesucht oder in Brand gesteckt worden waren. Den Benzinkanister für den Generator versteckte Fatos im Wald, sodass ihn niemand finden und auf dumme Gedanken kommen konnte. Erst nach dieser Aktion und angesichts des brennenden Sofas im Schnee wurde mir eines klar: Diese Männer wissen, was Krieg ist, sie haben ihn erlebt, gesehen und erlitten. Sie haben Dörfer verlassen müssen, Angehörige verloren, Freunde nie wieder gesehen. Die Unmengen Zigaretten, die im Kosovo jeder raucht, sind wahrscheinlich die Fortsetzung des Krieges, der den Körper nie verlassen hat. Abend für Abend verschloss Fatos beide Türen der Hütte, die äußere, die zur Küche führte, und jene, die den Anbau mit der eigentlichen Hütte verband. Die Axt aber ließ er draußen, sodass ich mich fragte, welche Gefahr sich mittels Schloss und Riegel aussperren ließ, die nicht zugleich mit einem meterlangen Beil in der Lage wäre, sich Einlass zu verschaffen.

Der Krieg im Kosovo hatte uns im Norden, wenn überhaupt, über den Fernsehbildschirm erreicht. Nur anhand von Tagesschau-Häppchen konnten wir uns ein Bild machen, die Realität dieses Krieges bekamen wir nie zu greifen. Wir hatten keinen Begriff davon, wie sich Städte wie Peja vollständig entleerten, wie ganze Familien vor den serbischen Paramilitärs flohen, ob nach Albanien, nach Montenegro, in die Schweiz oder ins ferne Deutschland. Wer in den umliegenden Ländern ausharrte, rechnete damit, schnell zurückzukehren, wer weit weg ging, hegte diese Hoffnung nicht. Ein halbes Jahr lang hatte Fatos nicht gewusst, wo sein Großvater war, bis er ihn in Tirana wiederfand. Peja selbst – es gibt Aufnahmen von 1999 – wurde nahezu dem Erdboden gleichgemacht. Wohlgemerkt nur die Viertel, Wohnhäuser und Marktschuppen der albanischen Bevölkerung. Nichts davon stellte auch nur annähernd ein militärisches Ziel dar, doch alles galt den Paramilitärs als verdächtig, denn überall konnten sich Mitglieder der UÇK oder deren Unterstützer verbergen. Die UÇK bestand ebenso wie ihr militärischer Gegenspieler aus irregulären Truppeneinheiten, aus Milizverbänden. Der entscheidende Unterschied war jedoch, dass die UÇK auf heimatlichem Territorium operierte, mit der Unterstützung der Dörfer, was nicht selten deren Todesurteil war. Bis heute gibt es Dörfer, die damals verlassen wurden und in die niemand je zurückkehrte: Der Grund dafür sei deren ungünstige Lage nahe den angrenzenden serbisch besiedelten Landstrichen. Man könne sich schlicht nicht sicher sein, ob nicht doch eines Nachts wieder die Brunnen vergiftet, die Häuser angesteckt würden. Ich weiß nicht, ob sich das aus Paranoia speist oder ob es der Vorsicht und der Erfahrung geschuldet ist, aber gebrannte Kinder scheuen nun mal das Feuer. Und wessen Haus und Hof mehrfach abgebrannt ist, der zieht schließlich weg.

Die Sorge um die Sicherheit ist jedenfalls nicht unbegründet, wie mir ein Vorfall in den Bergen nordöstlich von Peja gezeigt hat: Nahe der serbischen Grenze wurde zeitgleich mit meinem Aufenthalt auf ein paar Bergsteiger, offensichtlich Kosovo-Albaner, geschossen. Das hatte lautstarken Protest des kosovarischen Bergsteigerverbandes hervorgerufen. Trotzdem schien mir ausgeschlossen, dass irgendjemand Übelgesinntes in der Nähe unserer Hütte auf 2000 Metern herumsteigen sollte, noch dazu im Winter!

. . .

Peja ist heute eine rein albanische Stadt, die serbischsprachige Bevölkerung ist mit dem Kriegsende geflohen, wenngleich das manch einer bedauert: Auf dem Basar hatte ich durch ein Ladenfenster einen alten Barbier erspäht, der im weißen Kittel Haare schor. Ich trat ein, musste kurz warten und besah neben den zahlreichen Zierpflanzen die Fotos an den Wänden: alte Ansichten von Peja, die Männer auf den Straßen mit Anzug und weißem Filzhut oder dem im Rugova-Tal üblichen turbanartigen Schal, die Frauen in Tracht. Der Barbier bemerkte mein Interesse und fand heraus, dass ich ausreichend Albanisch verstand, um ihm zu folgen. Er erzählte langsam und in Hochsprache von den alten Zeiten, wie sie sich draußen versammelt hatten, die Stühle und Tische aufgestellt, einer brachte Wein, der andere Brot und Käse, der dritte steuerte Sucuks bei. Und zwar Serben, Albaner, Roma, Vlachen, alle zusammen. Das vergesse er nicht, sagte er, und seine Unterlippe zitterte, als er wiederholte: »Das vergesse ich nicht!«

. . .

Während des nächsten Vormittags zog es zu, sodass die Alm erneut in den Wolken lag. Wind war aufgekommen und fegte Schneegestöber um die Hütte, verwehte weiter oben sicherlich meine Spuren. Das Wetter würde umschlagen, wieder ungemütlicher werden. Fatos schichtete vier ganze Hühnchen in einen riesigen Topf und band ihn mit Draht zu, um das Fleisch vor wilden Tieren zu schützen. Dann vergrub er den Topf in einer Schneewehe, und ich ertappte mich bei dem Gedanken: »Gut, jetzt weißt du, wo die Notvorräte lagern.« Anschließend packte Fatos und machte sich bereit, zusammen mit den beiden Gästen in die Ebene zurückzukehren. Es dämmerte schon, als sich die drei aufmachten. Fatos schaltete auf dem Weg hinunter den Generator ab und damit das Licht.

Ich war allein.

.

TEIL II

ALLEIN

RESSOURCEN

11 Ich war jetzt ganz auf mich allein gestellt, aber ich fühlte mich auch erleichtert, denn das, worauf ich gewartet hatte, war eingetroffen. Ich war angekommen, wo mich die Welt hinhaben wollte, die Phase des Übergangs war abgeschlossen, und die gesamte Hütte war von Ruhe erfasst. Ich war froh, hier zu sein und nicht irgendwo anders, ich hinterfragte meine Entscheidung nicht. Ich war beseelt von den vielen Möglichkeiten des Lebens und glücklich, dass es mich so unversehens hierhin verschlagen hatte: in die Hütte an der Hajla. Allein zu sein – und die Aussicht, es vorerst auch zu bleiben – beunruhigte mich zunächst kaum. Die Umstände waren nur etwas ungewöhnlich. Ich fühlte mich, als hätte sich das Leben einen Scherz erlaubt, indem es mir in Rekordgeschwindigkeit einen Wunsch erfüllt hatte: »Hütte bitte!« – »Oh! ... Sekunde ... hier!« – »Danke!«

Ich hatte ein unbestimmtes Gefühl nicht nur von Herausforderung, sondern auch von Demut und Dankbarkeit. Hatte ich mich selbst in diese Lage gebracht? Ja und nein. Einerseits war ich es gewesen, der gefragt hatte, ich hatte mich auf Peja eingelassen und war offen gewesen für das, was da kam. Andererseits aber waren es Mentor und Fatos gewesen, die mich hierhingekarrt und dann ausgesetzt hatten. Und da saß ich nun, schaute auf das Feuer und kochte Wasser für den Tee. Es schien mir immer noch erstaunlich, dass mir jemand, den ich kaum kannte, seine Hütte überließ – einfach so und weil er, wie ich vermutete, den Gedanken mochte, dass sich jemand hier aufhält und mit der Natur beschäftigt. Oder weil er in mir einen Geistesverwandten sah. Oder aber weil ich ein bisschen Albanisch sprach und einfach die richtigen Freunde hatte, ich wusste es nicht. Ich wusste lediglich, dass es außergewöhnlich und in anderen Ecken der Welt, inklusive meines Heimatlandes, völlig undenkbar gewesen wäre. Viel zu viele Bedenken würde man dort tragen, man würde keinen Profit sehen, auch keinen immateriellen. Vorsichtig hatte ich noch im Tal von Mentor wissen wollen, wie all das sein könne. Der hatte nur geantwortet: »Du hast die richtigen Leute gefragt.«

Aber auch Fatos hatte mir ein paar Brücken gebaut, als wir schon auf der Hütte waren, hatte von einem Freund erzählt, der vier Stunden Fußmarsch entfernt Hütten unterhielt. Mit Bad, Internet und Heizung. Da könne ich auch hin, er habe schon nachgefragt, kein Problem. Ich muss einigermaßen entsetzt reagiert haben, denn Fatos ruderte sofort zurück: Natürlich nur, wenn es an der Hajla zu ungemütlich würde

oder die Einsamkeit an mir zu nagen begänne ... Nun, eine
Hintertür offen zu halten, ist immer gut, aber einmal auf die
Spur gesetzt, gab es für mich kein Zurück mehr. Dennoch war
mir klar, dass das Abenteuer, das jetzt unwiderruflich anbrach,
eigentlich eine Nummer zu groß für mich war.

Um meine psychische Verfassung machte ich mir die wenigsten Gedanken, meine Sorge galt vielmehr den täglichen
Verrichtungen, dem Alltag: Holzhacken, Ofen anschüren und
Generator anschmeißen. Beim Holzhacken hatte ich mich
bislang nicht allzu geschickt angestellt, hatte nicht gewusst
wo genau ansetzen, damit die Axt nicht stecken bleibt und
das Stück Holz mit einem Schlag zerspringt. Zwar hatte Fatos
mir gezeigt, worauf ich achten sollte – auf die Äste und die
Maserung –, er hatte mir dann aber schnell das Beil wegge-
nommen und die Arbeit selbst verrichtet, sodass ich zwar
über Theorie verfügte, aber noch nicht über ausreichend Praxis. Der Ofen schien mir das geringste Problem, in Berlin hatte ich über ein Jahrzehnt lang mit einem Allesbrenner über-
lebt. Die Küche und den Vorraum würde ich gar nicht erst
heizen, das wäre Verschwendung von Holz und zu viel Arbeit.
Es würde reichen, wenn der Ofen im Zimmer brannte, der
Kamin würde das obere Stockwerk und damit das Schlafzimmer mitheizen. Sonderbarerweise machte ich mir über den
Generator und den Benzinvorrat die meisten Gedanken, obwohl beide sozusagen Luxusprobleme darstellten: Ohne Generator, Licht und Strom, würde ich überleben, nur nicht vernünftig arbeiten können. Dazu brauchte ich zuweilen das
Internet, ein aufgeladenes Mobiltelefon und einen geladenen

Computer. Zwar hatte ich Hefte eingepackt und ausreichend Stifte, aber damit mache ich höchstens Notizen, die meist unleserlich sind, aber schreibe keine ganzen Absätze, geschweige denn Manuskripte. Neben eigenen Projekten wollte ich ein Buch über die kulinarischen Traditionen Mallorcas zusammenstellen, inklusive Rezepte und Schritt-für-Schritt-Anleitungen. Es war nicht ohne Witz, dass da jemand in den kosovarischen Bergen saß und über mediterrane Kochkunst schrieb. Aber erstens dachte ich kaum darüber nach – sondern darüber, wie ich die Arbeit organisieren würde und was ich täglich zu leisten hatte. Zweitens sitzen ganz viele Leute in Berliner Hinterhöfen und schreiben dort über ferne Welten. Drittens war eine fortlaufende Beschäftigung gewissermaßen Bedingung, um hier oben zu bestehen. Ohne würde man wahrscheinlich schon nach wenigen Tagen wahnsinnig werden oder versumpfen. Das Manuskript beziehungsweise die näher rückende Deadline war kein ganz unwichtiger Grund, dass ich überhaupt auf die Idee gekommen war, nach einer Hütte zu fragen: Rückzug, um zu schreiben, ist ein völlig natürlicher Reflex. Je weniger äußere Einflüsse, umso effektiver der Schreibfluss. Zudem war ich bereits ein wenig in Verzug, kam also nicht umhin, Disziplin walten zu lassen und mich Tag für Tag weiter vorzuarbeiten. Material hatte ich dabei, einen Plan ebenso, vieles war schon geschrieben, noch mehr jedoch zu tun. Und dafür brauchte es Strom.

Es gab zwei Kanister und den vollen Tank des Generators. Der eine war ein Standardkanister mit fünf Litern Inhalt, er war bereits angebrochen. Der andere, derjenige, den

Fatos unter einer Tanne im Schnee versteckt hatte, fasste gut und gerne das Drei- oder Vierfache. Es handelte sich um eines dieser überdimensionierten Exemplare aus sonderbar rau anzufassendem Plastik – wahrscheinlich aus jugoslawischem Militärbestand. Mir standen also maximal zwanzig Liter zur Verfügung, wobei für Silvester mindestens zwei volle Tanks übrig bleiben mussten. Der genaue Verbrauch ließ sich schlecht kalkulieren, meiner Beobachtung nach reichte ein voller Tank von Anbruch der Dunkelheit bis etwa Mitternacht. Am klügsten schien mir, den Generator abends anzuschmeißen, vom elektrischen Licht zu profitieren und den Computer einmal komplett aufzuladen. Damit würde sich tags darauf arbeiten lassen – und sobald dem Computer die Kräfte schwinden würden, hätte ich frei bis zur Dämmerung! Ich konnte Ausflüge machen, Erkundungstouren oder einfach vor der Hütte sitzen, wenn die Sonne schien, die Natur, die Weite und die Unberührtheit genießen, auf mich wirken lassen. Inwieweit ich mich in die Wildnis oder auf den Berg wagen würde, war allein meine Entscheidung, die würde ich vom Wetter und den Bedingungen abhängig machen. Falscher Ehrgeiz ist nicht mein Problem, grundsätzlich halte ich mich für einen eher gemütlichen Typen, der nur dann und wann über die Stränge schlägt.

Silvester war keine drei Wochen hin, und spätestens dann würde ich entscheiden können, ob ich blieb oder mit den anderen hinunterging. Selbst ohne Schneeschuhe würde das möglich sein, denn wo fünfzehn Leute einen Weg spuren, da kann ein Fußgänger auch durch tieferen Schnee folgen. Andererseits würde das Alleinsein hier oben über drei Wochen eine ganz andere Dimension annehmen als in einer Altbauwohnung, auf einem Schweigeseminar oder einem abgelegenen Bauernhof. An der Hajla blieb man allein inmitten der Elemente, das verdeutlichte mir schon der allererste Abend, denn Fatos hatte einen perfekten Zeitpunkt für seinen Aufbruch gewählt: Ein scharfer Wind trieb Schneestaub und Wolken vorüber, die Bäume, die Alm und der Berg waren im Nebel verschwunden. Zum Gefühl der Ausgesetztheit trug bei, dass das Tal im Rücken der Hütte lag, hinter den Kuppen des vorgelagerten Bergkamms und dem dichten Tannenwald. Mein vorübergehender Wohnsitz blickte in die andere Richtung: über die Alm, über Tannen hinweg auf die Flanke der Hajla, den Gipfelgrat und in die Wildnis. Dies hatte zur Folge, dass nachts noch nicht einmal Lichter zu sehen waren. Da war wirklich nur Berg, Himmel und ich. Der Wind und das Schneetreiben zeigten an, welchen großen, gleichgültigen Kräften ich mich zu stellen hatte, ohne auf Unterstützung oder auch nur Aufmunterung hoffen zu können. Von nun an durfte ich mir keine Dummheit erlauben, jeder Schritt, jede Handlung musste sitzen. Was ich im Notfall tun würde, hatte mich vorab ein Freund aus Deutschland gefragt. »Hinuntergehen«, hatte ich geantwortet. Aber ganz so einfach war das nicht. Unter einigermaßen vernünftigen Bedingungen würde ich vielleicht zwei Stunden brauchen, dann aber würde dort kein Auto warten, ich stünde stattdessen an den ersten verlassenen Häusern eines hoch gelegenen Streudorfes, das im Winter, wenn überhaupt, nur spärlich bewohnt war und sich über Kilometer hinzog. Der Gang hinunter wäre also eher ein Risiko als eine Lösung. Nein, Notfälle müsste ich auf das Wochenende verlagern, denn nur dann kamen die Dörfler aus Peja hinauf zu ihren ehemaligen Wohnsitzen. Fatos hatte erzählt, dass sich Pepaj erst um 2006, 2007 herum geleert hatte, die alte Generation starb weg, und die Jungen konnten sich ein Leben in den Bergen nicht mehr vorstellen – ohne gefliestes Badezimmer, ohne Einkaufsmöglichkeiten und ohne Schule für den Nachwuchs. In den Neunzigern, vor dem Krieg, hatte es Letztere noch gegeben, sechs Schüler waren in Pepaj unterrichtet worden, und die Lehrerin war Tag für Tag, sommers wie winters, aus dem tiefer liegenden Melaj hinaufgestiegen, zwei Stunden hin, zwei zurück. Sie habe ihren Beruf ernst genommen, hatte Fatos trocken geurteilt.

Der Freund aus Deutschland hatte weiter gefragt, ob nicht das Risiko bestünde, dass es mich einschneien würde. »Das kann man so nicht sagen«, schrieb ich zurück, »es ist vielmehr sicher, dass ich früher oder später eingeschneit werde.« Insgeheim erhoffte ich mir das sogar. Was sollte ich auf einer Berghütte ohne Schnee? Ich wünschte mir Schnee, selbst wenn das meine Bewegungsfreiheit einschränken würde.

· · ·

Viel tat ich nicht am ersten Abend, außer dem schwindenden Licht nachzusehen, den Schneeflocken, über die kommenden Tage nachzudenken und darüber, wie ich sie strukturieren wollte. Erst als es richtig dunkel war, machte ich das Solarlicht an. Die Birne war gerade hell genug, dass ich etwas lesen konnte, und ihr Licht fiel durch das Fenster schräg über den Holzplatz, sodass es kein Problem war, noch abends ein paar Scheite zu hacken. Es knackte im Ofen, ich hatte die Lüftungsklappe geschlossen, das Holz verbrannte nur langsam. Ich wurde bei all dem das Gefühl nicht los, mich der ganzen Situation irgendwie noch würdig erweisen zu müssen.

NORMALZUSTAND UND BALANCE

12 Ich hatte abends noch ein paar Minuten wachgelegen und dem Wind gelauscht, musste dann aber sehr zügig eingeschlafen sein, gewiss noch vor zehn. Vom ersten Licht war ich jedoch nicht wach geworden, wie ich mir das eigentlich vorgestellt hatte: Auf der Glasscheibe des Oberlichts lag eine ansehnliche Schicht Schnee. Das Mobiltelefon zeigte halb neun, der Tag hatte bereits einen größeren Vorsprung, und der Ofen war aus. Das überraschte mich nicht, denn ich hatte nicht mehr nachgelegt und stattdessen ausreichend Kleinholz und Scheite für den Neustart bereitgelegt, der aufgrund der gesammelten harzhaltigen Tannenzapfen problemlos gelang. Grillanzünder hatte ich tatsächlich vergessen einzukaufen, und auf der Hütte lag eine einzige Packung, die ich nur im Notfall benutzen wollte. Die Flammen begannen zu lodern, und ich zog mich an, um draußen Holz zu hacken.

Der Wind hatte nicht nachgelassen, und es schneite weiterhin, es war ungemütlich. Ich wählte zwei handliche Rollen fast ohne Astlöcher aus. Als Bock diente eine riesenhafte Baumscheibe, die zu zwei Dritteln unter festgetretenem Schnee verborgen lag. Ich legte die erste Rolle zurecht, tippte sie zum Zielen mit dem Axtblatt an, holte aus, ließ die Axt hinunterfahren, und die Rolle zersprang wie von selbst. Das Gleiche wiederholte sich mit der zweiten. Ich griff nach einer dritten, aber zielte zu ungenau oder war nicht konzentriert genug, jedenfalls schlug die Axt nur ein kleines Stück ab und sprang weg. Ich hatte um mehr als fünfzehn Zentimeter danebengeschlagen. Beim zweiten Versuch legte ich mehr Wert auf Konzentration, und siehe da: Das Baumstück zerbarst. Dann legte ich mir eine breitere Rolle vor, besah sie nach Astlöchern, glaubte, eine Linie zu sehen, holte weit aus, um mit größerer Kraft zuzuschlagen. Das splitternde Geräusch blieb aus, es tat einen dumpfen Schlag, und die Kraft, die ich aufgewendet hatte, schoss in meine Arme zurück. Das Blatt steckte tief im Holz, ohne dass dieses auch nur den geringsten Sprung aufwies. Macht nichts, einfach noch mal! Ich zog an der Axt, aber sie bewegte sich nicht. Ich versuchte sie aus dem Holz zu hebeln, aber sie steckte fest. Ich zerrte: Nichts geschah! Inzwischen waren mir die Finger in den unzureichenden Handschuhen kalt geworden, zu kalt, um weiterzumachen. Ich sammelte die Holzscheite ein, bürstete den Schnee ab und schaffte sie nach drinnen. Dort stellte ich sie am Ofen auf, damit sie trockneten, wärmte mir die Hände, während mir die Axt keine Ruhe ließ. Was, wenn ich sie wirklich nicht mehr herausbekäme?

Dann würde ich nur die kleinsten Rollen verheizen können, die in den Ofen passten. Damit würde ich nur wenige Tage durchhalten. Ich wartete ab, bis meine Hände einigermaßen aufgewärmt waren, ging wieder hinaus in den Wind und versuchte es erneut, wieder erfolglos. Vorsorglich nahm ich einen Armvoll der kleineren Stücke mit nach drinnen, doch der Vorrat linderte den Anflug von Panik nicht, der noch dazu von Beschämung und einem sonderbaren Gefühl von Ohnmacht begleitet wurde. Da stand ich nun an Tag eins auf der Hütte, hatte drei Rollen zerlegt und war bereits an der vierten gescheitert. Ich fragte mich, ob eine Axt im Holz festfrieren konnte. Würde der Verbund von Metall und Holz noch fester werden, sodass gar nichts mehr ging? Es ließ mir keine Ruhe, ich ging erneut hinaus, nahm die Axt samt der Baumrolle, hob beide hoch und ließ sie auf den Bock fallen, in der Hoffnung, die Axt würde sich lösen. Sie tat es nicht. Ich schlug mit der Faust auf den Axtstiel, ohne dass er sich auch nur einen Millimeter bewegte. Ich versuchte es mit einem Hebel, auch das half nichts. Ich ignorierte den Wind und die kalten Hände und hämmerte erneut auf den Stiel, bis sich das Blatt plötzlich ein wenig löste. Ein kleiner Zug am Stiel, und die Axt war wieder frei. Der kurze Kampf war vorbei, der Normalzustand wiederhergestellt. Meine Erleichterung war größer als das gelöste Problem, mir war, als kehrte binnen Sekunden die Ruhe zurück, legte sich erneut um die Hütte, den Berg und um mich. Ich wärmte mir zum dritten Mal die Hände auf, versuchte in der Zwischenzeit, die Handschuhe zu trocknen, setzte Haferflocken und Rosinen auf, um bald darauf wieder hinauszugehen und weiter Holz zu hacken. Vorsichtiger diesmal, mit mehr Konzentration. Zwei Dinge hatte ich gelernt: dass Kraft nichts bringt und dass Genauigkeit alles ist. Und etwas anderes wurde mir auch klar: wie fragil meine Souveränität war, wie wenig es brauchte, um sie dahinschmelzen zu lassen.

Gegen Mittag hatte ich gefrühstückt und ausreichend Holz für einen halben Tag gehackt. Am späten Nachmittag würde sich das Spiel wiederholen, bis dahin war ich frei, mich meinen anderen Aufgaben zu widmen.

. . .

Den Nachmittag verbrachte ich damit, mich einzurichten und zu organisieren: meine Vorräte und den Bestand in der Küche zu sichten und einzuteilen, das Gemüse in der kalten Küche zu deponieren, die Dosen und Plastikpackungen im Ofenzimmer, die wenigen Kleidungsstücke zu verräumen und mich schließlich vor den Computer zu setzen, um eine Übersicht über die anstehenden Arbeiten zu gewinnen und diese zu strukturieren. Ich hatte Bücher mit dabei, Stapel an gedrucktem Material und zahlreiche Dokumentarfilme auf der Festplatte, auch die wollten sortiert werden. Ich schrieb mir Themen auf leuchtend gelbe Merkzettelchen, die ich an die hölzerne Wand klebte. So hatte ich einerseits den Überblick, andererseits konnte ich mir einfach einen Zettel nehmen und ihn bearbeiten, ohne nachdenken zu müssen. Ich war froh um die Arbeit, sie würde in den nächsten Wochen mein einziger Begleiter sein, an ihrem Fortschritt würde sich die fortschreitende Zeit zeigen und würden meine Tage sich füllen. Vorausgesetzt, ich hielt mich an den eigenen Plan und arbeitete die Dinge so ab, wie ich sie mir zurechtlegte. Vorausgesetzt, es kam nichts dazwischen – eine feststeckende Axt oder so.

. . .

Der Tag verging wie im Flug, schon begann es zu dämmern, die Wolken schluckten das Licht. Ich hackte Holz, diesmal vorsichtiger und dadurch recht erfolgreich, und ging dann zum Generator. Während ich das Knie gegen den Choke drückte, den Generator mit der einen Hand festhielt, um mit der anderen am Seil zu ziehen – heftig und in kurzen Abständen, hatte Fatos gesagt –, dachte ich daran, was wäre, wenn der Choke brechen würde. Doch er brach nicht, und nach einem Dutzend Mal ziehen sprang der Generator und damit das Außenlicht an. Ich ließ ihn laufen, bis er einen satten Klang produzierte, und regelte dann den Choke zurück, alles in bester Ordnung. In Zukunft wollte ich solche aufzuckenden Gedanken Angstblitze nennen. Blitze, die der Vorstellung entstammten, der mangelnden Gewöhnung, und kaum Bezug hatten zur Realität. Man musste den Alltag auf der Hütte anders angehen, man durfte sich nicht von Furcht leiten lassen und mit falscher Vorsicht oder Gehemmtheit agieren. Unfälle vorwegzunehmen, ergab überhaupt keinen Sinn, vielmehr galt es, mit der nötigen Umsicht auf die Verhältnisse zu reagieren. Wenn etwas schiefging, dann musste so schnell wie möglich der Normalzustand wiederhergestellt werden – jene Balance, in der

NORMALZUSTAND UND BALANCE

ich nicht nur arbeitsfähig sein, sondern auch überleben würde. Angst vor der Axt oder ein zaghafter Umgang damit konnte ich mir ebenso wenig leisten wie Angst vor dem Generator oder dem Wald.

...

Der Abend wurde lang, ab fünf Uhr war es stockdunkel, ohne Gesellschaft fühlte sich neun Uhr an wie Mitternacht. Wohl deshalb zog es mich früh ins Bett, die Müdigkeit setzte mangels Abwechslung oder eines Gegenübers wenige Stunden nach Einbruch der Dunkelheit ein. Auch an den folgenden Tagen ging ich früh schlafen, spätestens um neun, manchmal schon um halb acht, also keine drei Stunden nach Einsetzen der Dunkelheit. In der Stadt, mit Leben um mich herum oder mit einer funktionierenden Internetverbindung, wäre mir das nie möglich gewesen, ich hätte noch Stunden wach gesessen. So aber begann der Körper, sein eigenes Programm abzuspulen. Ich schlief bis sechs oder halb sieben durch und wachte mit dem ersten fahlen Licht auf, das sich an den Holzwänden abzeichnete. Wahrscheinlich war das der natürliche Winterrhythmus angesichts der kurzen Tage und der Unmöglichkeit, in der Dunkelheit etwas Sinnvolles zu tun. Zehn bis zwölf Stunden Schlaf täglich, das schien mir die menschliche Entsprechung zum Winterschlaf zu sein.

EINE RUNDE DREHEN

13 Der nächste Tag brachte wenig Änderungen, wenn man davon absieht, dass ich zum Frühstück die verbliebenen Packungen löslichen Kaffee trank und dazu die letzten drei Zigaretten rauchte. Löslicher Kaffee wird auf dem Balkan in Einzelpackungen zu 10 oder 20 Cent verkauft, als 3 in 1 (mit Milch und Zucker) oder extrastark, was meine Wahl war. Man braucht allerdings mindestens zwei Packungen für einen Becher, um überhaupt Geschmack zu erzeugen. Kaffee ist mir ein Befehl, Zigaretten zu rauchen, daher hatte ich bis auf einen Zehnerpack an löslichen Einzelportionen nichts mitgenommen. Mit türkischem Mokka kann man mich jagen, ich brauche Espresso, alles andere erkenne ich nicht an. Aber im Bergland schaltet mein Körper früher oder später auf Teebedarf um. Den trinke ich dann, mit Ingwer, Zitrone oder Kardamom, den ganzen Tag und brauche dazu keine Zigaretten mehr. Und das war der Trick: Hinfort würde ich Tee zu mir

nehmen und meinem Körper unmissverständlich klarmachen, dass der Nikotinhunger nicht weiter befriedigt werden wird. Ich hatte das schon öfter getan und kannte den Ablauf: Am ersten und zweiten Tag des Entzugs wurde ich müde, mein Sprachzentrum schwächelte, und jedes Schreiben wurde vorübergehend unmöglich, am dritten Tag war ich wieder da, mein Körper schrie in zahlreichen Situationen nach Nikotin, und ich kaufte eine Schachtel und machte da weiter, wo ich aufgehört hatte. Wenn das jedoch nicht möglich war, versiegte der Hunger ganz von allein. Nichtrauchen ist nicht schwer, man muss dafür nichts weiter machen, als nicht zu rauchen. Und wenn es nichts zu rauchen gibt, dann muss man gar nichts tun. Das Bier und damit der zweite heftige Trigger, eine Zigarette anzuzünden, war auch schon zur Neige gegangen. Mit den anderen Vorräten verfuhr ich ebenso unvorsichtig, bediente mich an den Nüssen oder den Keksen, wann immer mir danach war, und nahm wenig Rücksicht auf die bevorstehende Zeit. Wenn sie verbraucht sein würden, auch in Ordnung, dann gab es sie halt nicht mehr.

...

Das Wetter blieb währenddessen ungemütlich. Über Nacht hatte es nicht nur das Oberlicht in meinem Schlafzimmer eingeschneit, auch der Holzplatz lag unter einer Schicht lockeren Neuschnees und musste erst befreit werden, bevor es ans Werk ging. Noch reichte ein Besen, aber Fatos hatte mir für alle Fälle eine leichte, zusammenklappbare Schneeschaufel dagelassen, wie sie Bergsteiger für Notfälle am Rucksack befestigen: »Die wirst du brauchen.« Dann hatte er mir auf seinem alten Mobiltelefon eine Aufnahme gezeigt: Er mit der Schaufel im meterhohen Schnee vor der Hütte. Ich hatte gelacht: »War wohl ein niederschlagsreicher Winter?«

»Nein, nein, das ist meistens so.«

Der letzte Winter sei jedoch eine Ausnahme gewesen, lediglich zwanzig Zentimeter hoch habe der Schnee gelegen. Früher seien es regelmäßig mehrere Meter gewesen.

»Meter?«

»Meter!«

Fatos hatte erklärt, dass sich im Rugova-Tal mediterrane und kontinentale Luftmassen ein Stelldichein geben, das sorge insbesondere im Dezember für hohen Niederschlag und in der Folge für lange Winter. Inzwischen aber sei der Klimawandel spürbar und führe häufiger dazu, dass im Dezember Schönwetter herrsche, dass es also eigentlich zu trocken sei. Nach dem Ausflug, den ich bis oberhalb der Schäfersiedlung unternommen hatte, hatte ich mich Fatos gegenüber erstaunt gezeigt, wie ausgesetzt, ja verletzlich diese war. Die bescheidenen Sommerhütten und eingezäunten Gehege lagen tiefer als die Alm und standen völlig ungeschützt unterhalb der Hajla-Flanke und nicht auf einer vorgelagerten Kuppe wie Fatos' Hütte: Jede Lawine, die sich an der Hajla löse, müsse sie doch automatisch treffen, kein Schutzwald, kein Felssporn, nichts dergleichen. Fatos erwiderte: »Früher war das kein Problem. Die Lawinen sind einfach über die Hütten hinweggegangen, so tief lagen sie unter dem Schnee.«

Das bedeutete mehr als zwei Meter Schnee, es überstieg meine Vorstellungskraft. Im Allgäu vielleicht, vor zwanzig Jahren, aber hier, auf annähernd demselben Breitengrad wie Dubrovnik, Rom oder Barcelona? Während des langen Winters sei die Siedlung sowieso unbewohnt, hatte Fatos ergänzt, erst im Mai zögen die Schäfer und die Herden hinauf. Ende Juni, wenn die Schulen schließen und die Ferien beginnen, kämen einzelne Familien zu ihren Höfen zurück, und das Dorf Pepaj werde für wenige Wochen wiederbelebt. Im Juli und August schließlich würden die Hütten und die hölzernen Chalets weiter unten im Tal vermietet – an Städter, die der Sommerhitze entfliehen wollen. Dann würden auch bunt ausstaffierte Touristen durch das Rugova-Tal wandern, würden sich vom albanischen Valbona über Çerem aufmachen, um im Anschluss an eine kurze Strecke durch montenegrinisches Hochland die kosovarischen Etappen des Weitwanderwegs *Peaks of the Balkans* zu überwinden.

· · ·

Ich beschloss, trotz der widrigen Witterung eine Runde zu drehen, über die Alm und erneut hinüber bis oberhalb der Schäfersiedlung. Mein Pensum an Arbeit hatte ich vormittags bereits erledigt, es war erst zwei Uhr, knapp drei Stunden Helligkeit blieben mir, ungefähr die Hälfte würde ich brauchen. Ich wollte meinen eigenen Spuren beziehungsweise dem, was davon übrig war, folgen, diesmal aber ein bisschen höher steigen, um quer durch die Tannenwäldchen an der linken Hajla-

Flanke zurückzugehen. Der Weg über die Alm bis zur Bergflanke war beschwerlich, der Wind hatte allen Schnee herbeigeschafft, dessen er habhaft werden konnte. Meine Spuren waren auf diesem ebenen Terrain vollständig verwischt, und ich brach stellenweise so tief ein, dass ich mich fragte, ob ich nicht besser umkehren sollte. Dann aber wurde es leichter, der Übergang in Richtung Schäfersiedlung gestaltete sich weniger mühsam, ich konnte mich an einzelne Fußstapfen halten und brach seltener ein. Ich ging bergan, über die Siedlung hinaus, sodass ich in den nächsten Bergeinschnitt hinübersehen konnte. Ich überschlug die Distanz zur Hütte und kam zu dem Ergebnis, dass ich mich, wenn ich jetzt nicht weitergehen, sondern in der umgekehrten Richtung weiter aufsteigen würde, immer noch in einem Radius von einem Kilometer bewegen würde, jedenfalls in Luftlinie. Die Kilometerregel blieb fest in meinem Kopf, wenngleich mir klar geworden war, dass Fatos das nicht ernst gemeint haben konnte. Wichtiges hatte er wiederholt und betont, auf die Kilometerregel war er nicht mehr zu sprechen gekommen. Auch die Idee mit der Kuhle als Zufluchtsort war natürlich ein Witz gewesen: Kein Mensch kommt auf die Idee, sich auf der Flucht vor Wölfen in eine Kuhle zu schmeißen. Auf einen Baum zu klettern, das wäre eine Rettung – nicht jedoch im Winter. Das lange, schwere Messer hatte ich angelegt, für den Fall der Fälle – der jedoch extrem unwahrscheinlich war. Jedes Tier, das mich von fern ausmachte, würde einen großen Bogen um mich schlagen und sich allergrößte Mühe geben, unsichtbar zu bleiben. Auf der offenen Fläche vor dem Haus waren allerhand Tierfährten sichtbar gewesen, halb verschneite und frische. Ich nahm mir vor, die Alm »Verkehrsinsel« zu nennen, so viel Betrieb gab es dort. Manche Fährten konnte ich lesen, ich war mir sicher, Damwildspuren zu erkennen und die leicht schleifende Fährte einiger Hasen, die erahnen ließ, wie schwer diese sich im hohen Schnee taten. Wahrscheinlich waren neben den Bären auch die Hasen auf dem Weg nach unten, wo sie sich besser ernähren konnten. Hasen halten keinen Winterschlaf, nur eine Winterruhe, sie müssen zwischendurch Nahrung aufnehmen. Andere Spuren wiederum gaben mir Rätsel auf: Was konnte das um die einzelnen Tannen herum sein? Eichhörnchen? Dann gab es gleich mehrere Bögen extrem kurzatmiger Trippelschrittchen, so als hätte man Doppelketten an ganzen Haselnüssen in den Schnee hineingepresst: eine Art Haselnuss-Doppelhelix. Wer produzierte denn so was? Bergratten? Die Vielfalt der Fährten war deswegen verblüffend, weil ich bislang kein einziges der zugehörigen Tiere wahrgenommen hatte. Solange wir zu dritt in der Hütte lärmten, war das auch kein Wunder, jetzt aber, wo der Generator lediglich eine gute Stunde lang dröhnte, ich ansonsten aber noch nicht einmal Musik oder Licht anmachte, war so viel Betrieb schon verwunderlich. Ich nahm mir vor, abends in der Galerie Platz zu nehmen und durch die hohen Fenster Ausschau zu halten. Sobald es aufklarte, müsste ich doch irgendetwas sehen können, und sei es nur eine ferne Bewegung.

Oberhalb der Schäfersiedlung kehrte ich an einem günstigen Punkt um, um weiter an Höhe zu gewinnen, bevor ich in einer weiteren Kurve wieder absteigen würde und ungefähr auf der Höhe der Alm von der Flanke käme. Allerdings hatte ich den Wind jetzt nicht mehr im Rücken, sondern im Gesicht. Zudem war das steile Terrain tückisch, weil sich unter der Schneedecke Flechten und Felsen verbargen, sodass ich schlecht voraussagen konnte, ob ich mit dem nächsten Schritt Halt fand, abrutschte oder einbrach. Kurz gesagt: Es wurde mühsam. Zu mühsam, beschloss ich nach wenigen hundert Metern und wich von der gedachten Linie ab, hielt es für eine gute Idee, nicht weiter an Höhe zu gewinnen, nicht oberhalb der letzten vereinzelten Tannen zu queren, sondern früher schon hinunterzugehen – in einer schräg abfallenden Linie, mitten durch die Tannen hindurch. Das aber war ein Fehler, denn der Schnee zwischen und unter den Tannen erwies sich als unberechenbar. Ich ruderte mehr über den Hang, als dass ich ging. Ich brach bis zur Hüfte ein und wiegte mich anschließend in falscher Sicherheit, weil es bequem über verschneite Steine hinweg ging. Es dauerte nicht lange, und Alm wie auch Hütte kamen gute hundert Höhenmeter unter mir wieder in Sicht. Noch ein kleines Stück durch die Tannen, und ich würde im offenen Gelände stehen, müsste nur noch wenige hundert Meter hinüber und würde dort auf meine andere Spur treffen, jene zum Grat. Die Augen auf das gedachte Wegstück gerichtet, griff ich nach dem Zweig einer Tanne, um mich zu halten und einen Schritt über eine Schneewehe setzen zu können. In dem Moment, als ich losließ und den zweiten Fuß nachziehen wollte, rutsche ich ab, schlitterte unter die Tanne, brach in ein Loch ein, das der Schnee nur überwölbt hatte. Ich schrie vor Schreck und Überraschung auf, aber nichts war geschehen, kein Knöchel verstaucht, einzig der Schnee rutsche nach und begrub mich halb. Ich musste mich herauswühlen, fand jedoch kaum Halt. Nach oben machte keinen Sinn, ich musste nach unten! Ich schwamm gewissermaßen durch den Neuschnee, verkratzte mir das Gesicht an den Zweigen, gelangte dann aber auf die Talseite der Tanne und bekam sicheren Grund unter den Füßen. Die billige Trainingshose hatte sich vollgesogen, die Jacke war verrutscht, ich war durchnässt und stand im Wind, ich musste runter. Es war ganz klar ein Fehler gewesen, eine Strecke durch die Tannen zu wählen, ohne das Terrain zu kennen. Ich beschloss, direkt abzusteigen, mich hinunterzuwühlen, um weiter unten auf meinen Hinweg zu stoßen, diesen würde ich zurückgehen, aber nicht weiter durch jungfräuliches Gebiet. Hätte es einen Beobachter gegeben, ich hätte in den nächsten zwanzig, dreißig Minuten einen höchst unbeholfenen Eindruck gemacht. Ich schlitterte zwischen den Tannen auf direktem Weg hinunter, ruderte mit den Armen und legte manchen Meter auf dem Hosenboden zurück, bis ich schließlich meine eigenen Fußspuren fand und diesen unverzüglich zurück zur Hütte folgte. Das Ganze war anstrengend gewesen, und ich hatte es versäumt, heißen Tee mitzunehmen. Ich war der Meinung gewesen, nur einen kurzen Ausflug zu unternehmen, und hatte weder damit gerechnet, wie viel Zeit mich dieser kosten würde noch dass er dermaßen unkalkulierbar sein würde. Warum zum Teufel war ich so spät losgezogen? Warum hatte ich nicht die Arbeit auf den Nachmittag verlegt und war schon vormittags gegangen? Was für ein Schwachsinn, was für eine Dummheit! Noch hatte ich

ausreichend Adrenalin in den Adern, um zügig vorwärtszu-
kommen, doch auf der Alm und im tiefen Schnee, wenige hundert Meter vor der Hütte, merkte ich, wie mitgenommen ich
war. Ich sah den Rauch aufsteigen und wusste, der Ofen war
noch an, das Wasser würde noch heiß sein. Die Kanne war rie-
sig und stand zudem auf einem Rost, es dauerte Stunden, bis
der gesamte Inhalt ganz verdampft wäre. Nichts ist großarti-
ger als Tee bei solchem Wetter und auf solcher Höhe. Ich
stapfte vorwärts, brach ein, machte zwei Schritte, brach erneut ein und kämpfte mich weiter, dem Tee entgegen. Ich
musste an Fatos' und Barris sowie an die Vorliebe für Kaffee
der gesamten Gegend denken und daran, dass ich um nichts in
der Welt einen Kaffee wollte, Tee wollte ich, einen ganzen Liter. Kaffee gehört in die Ebene, das Getränk der Berge ist Tee!
Schwarztee mit Zucker und Zitrone! Wie viele Zitronen hatte
ich noch? Waren es zwei oder drei? Egal, Zitrone wäre noch da,
Scheite hatte ich genügend gehackt. Vorwärts! Wenn man
nach Tee verlangt, im Kosovo und in Albanien, dann bekommt
man irgendetwas, was gerade da ist, Fruchttee, Kamille, was
auch immer. Was man nicht bekommt, das ist kräftiger
Schwarztee, heißer, guter, aromatischer Schwarztee. Mit Zucker und Zitrone.

...

Ich zitterte leicht, als die Tür hinter mir ins Schloss fiel. Es
war halb fünf. Ich hatte eine geschlagene Stunde länger gebraucht als veranschlagt. Der Ofen war noch an, heißes Was-

ser war in der Tat noch ausreichend übrig. Ich zog die nassen
Sachen aus und machte Tee, setzte mich vor die großzügig
auflodernden wärmenden Flammen und sagte mir: »Das,
mein Guter, das machst du nicht wieder!« Ich begrub sämtliche Pläne, die Umgebung weiter zu erforschen. Das Haus,
Alm und Lichtung, der Kamm, das war mein Gebiet. Nicht
ein Kilometer Radius, wie Fatos gesagt hatte, sondern vielleicht fünfhundert Meter, und nicht oben an den Hängen der
Hajla, sondern hier unten, auf der vergleichsweise freundlichen, ebenen Lichtung. War es nicht schon dramatisch genug, im Winter auf 2000 Metern herumzusitzen, musste man
da noch höher hinaus? Wozu die Unruhe?

FÄHRTENLESEN

14 Beim Holzhacken am nächsten Morgen entdeckte ich weitere Tierfährten. Genauer gesagt: die Spur von Tatzen. Ein Tier mit Tatzen war offensichtlich meinen Fußstapfen bis zur Hütte gefolgt, wahrscheinlich weil es einfacher war und weil es sich um ein schlaues Tier handelte. Kurz vor dem Holzplatz hatte es jedoch die Spur verlassen, denn genau dort, also keine zehn Meter von der Hütte entfernt, begann die Fährte. Das Sonderbare war, dass die Räume zwischen den Tatzenabdrücken im tieferen Schnee wie verwischt aussahen, als hätte das Tier etwas mitgeschleift oder als wäre es durchgegangen – ich konnte mir das nicht erklären. Das Tier war offensichtlich die Hütte abgelaufen, hatte sie inspiziert, denn nach wenigen Metern wandte sich die Fährte zur anderen Seite, um einen Bogen hinter die Hütte zu schlagen, in Richtung Tannenwald und zum Kamm, wo sie verschwand beziehungs-

weise wo ich sie nicht länger verfolgen mochte. Was war das? Ich versuchte, von der Größe der Abdrücke und der Schrittlänge auf die Größe des Tiers zu schließen, was aus mehrerlei Gründen unmöglich war. Erstens hatte ich diesbezüglich keine Ahnung, und zweitens war die Spur zwar stellenweise gut erkennbar – Fußballen und Krallen traten deutlich hervor, insbesondere dort, wo der Schnee ein wenig fester lag, im Windschatten der Tannen –, an anderen Stellen hatte sie der Wind und eine dünne Schicht Schnee jedoch verwischt, sodass die Abdrücke zwar sichtbar waren, die Konturen jedoch unklar. Konnte das der Luchs sein, den Fatos erwähnt hatte? Wie groß ist so ein Luchs, und sind Luchse nicht besonders scheu? Hatte Fatos nicht erwähnt, wie schwierig es gewesen war, den Luchs überhaupt vor die Linse zu bekommen? Luchse meiden doch Menschen und menschliche Ansiedlungen? Die sind doch maximal auf der Suche nach Futter? Qualifiziert sich denn die Hütte, mein Eigengeruch oder der des von mir gekochten Essens als Futterplatz für ein Tier, das noch dazu ein Jäger ist, sich von rohem Fleisch ernährt? Oder konnte das ein Wolf sein? Ein verstoßener, einsamer Wolf, der auf der Suche nach einem neuen Rudel oder einem Revier war? Der nachts oder frühmorgens (ich hielt die Fährte für frisch) nur vorbeigestreift war, gemerkt hatte, dass es nichts zu holen gab, und weiter bergab gezogen war, dorthin, wo Nahrung wahrscheinlicher war? Vielleicht ein streunender Hund? … Nein, das ganz bestimmt nicht, hier oben gab es doch keine streunenden Hunde. Vielleicht aber verwilderte? Verwilderte Hunde auf 2000 Metern im Winter? Die sind doch nicht doof, was sollten die hier wollen? Ich besah die Spuren erneut, und es blieb bei dem Befund, dass es sich um Tatzen handelte. Was immer es war, es hatte offensichtlich mich und die Hütte ausgecheckt. Nur mit welchem Ergebnis?

...

Später am selben Tag, nachdem ich mein halbes Strombudget investiert hatte, um ergebnislos die Fährten von Hunden, Luchsen und Wölfen online zu vergleichen, ging ich hinunter zum Generator. Und dort, ohne jeden Zweifel, tauchte die Spur wieder auf. Zwischen den Tatzenabdrücken machte ich die gleichen kuriosen Schleifspuren aus. Die Fährte kam direkt vom Wäldchen hinter der Hütte, zog unmittelbar am Generator vorbei, so als sei auch dieser begutachtet worden, und zog dann in einem Bogen wieder hinauf! Mein Gott, das konnte nur eines bedeuten: Das Tier war hier, es war in der Nähe! Ein Schauer lief mir über den Rücken. Als ich minutenlang kauern musste, um den Generator anzuschmeißen – da kniete ich im Schnee, mit dem Rücken zu den Tannen und allem Getier, das dort unterwegs war. Ich fühlte mich schutzlos, dieses Gefühl war kein Angstblitz mehr, es wurde auch nicht aus abstrakten Gedanken geboren, sondern aus der unmittelbaren Wahrnehmung, und ebbte nicht so schnell ab. Ich *war* schutzlos, das war ein Fakt. Da machte auch das Messer an meiner Hüfte keinen Unterschied, das ich vorsichtshalber angelegt hatte, denn würde sich etwas anschleichen und mich von hinten anfallen, hätte ich schlicht keine Zeit, es aus dem Holster zu lösen. Unklar blieb, ob es überhaupt etwas gab, vor dem ich mich schützen musste. Ob es irgendwo zwischen den Tannen ein Augenpaar gab, das meinen Schritten folgte und abwägte, was zu tun sei. Der Generator sprang schließlich an, ich regelte den Choke zurück, doch das satte Geräusch des Motors beruhigte mich nicht wie noch tags zuvor. Im Gegenteil: Das Dröhnen des Generators war mir unangenehm, verhinderte es doch, dass ich in die Stille lauschen konnte.

Ich stolperte den Hang hinauf und ging zügig zur Hütte zurück. Wie unbeholfen man doch als Mensch ist, wie unelegant wir uns durch die Natur bewegen, wie viel Lärm wir machen – kein Tier hier oben, das derart grobmotorisch durch die Welt ruderte. Nichts und niemand außer mir produzierte Geräusche, und meine Geräusche, das war ja nicht nur das Knirschen meiner Schritte, da war auch der Generator. Und das künstliche Licht, die vollbeleuchtete Hütte, das war ja auch irgendwie Lärm, ein klares, weithin sichtbares Zeichen der Anwesenheit von jemandem, der nicht dazugehörte. Der kein Teil dieser Alm war, sich nur unvollkommen durch den Schnee zu bewegen wusste und allerhand Stützen brauchte, um überhaupt hier zu sein. Wölfe haben noch nicht mal einen Bau, Wölfe brauchen keinen Unterschlupf, sie schlafen im Schnee, und man hört sie nur, wenn sie das auch wollen.

Ich kehrte zurück in meinen Bau, wie ein Schloss kam er mir mittlerweile vor, das Ofenzimmer warm und ausreichend Scheite, um das Feuer am Laufen zu halten. Jetzt konnte ich es mir gemütlich machen, lesen oder arbeiten und musste nicht mehr über irgendwelche Fährten und potenzielle Zuschauer nachdenken. Ich schlug den Schnee von den Stiefeln, zog sie aus und stellte sie vor den Ofen, als mir klar wurde, dass ich später in der Dunkelheit ja wieder hinuntermusste, um den Generator auszuschalten! Ich Depp, hätte ich ihn doch gar nicht erst angemacht, es gut sein lassen für heute, Benzin sparen – und Nerven!

...

Fatos hatte nichts von einem einzelnen Wolf erzählt, sondern von einem bestimmten Rudel, zu dessen ausgedehntem Revier die Hajla zählte. Hatte er nicht erwähnt, dass es mitten im Winter nach Montenegro gezogen war, über die Hajla? Es kommt vor, dass einzelne Wölfe sich vom Rudel absondern, eigene Wege gehen, um irgendwo ein Revier oder einen Partner zu suchen. Meist handelt es sich um die Omega-Tiere, die letzten der Hackordnung, die ungefährlichsten, schüchternsten oder jüngsten – jene Tiere, die sich nicht durchsetzen können im Rudel. Aber ein einzelner Omega-Wolf auf Reviersuche mitten im Winter? Das schien mir unwahrscheinlich – und wenn doch, dann würde er schon Kilometer weiter sein. Mochte sein, dass er noch eine Runde gedreht hatte, weil das Ensemble aus Hütte, Nahrungs- und Menschengeruch ihm interessant erschien, aber ohne Stall, ohne Schafe, Hühner und ohne Beutemöglichkeit? Wölfe legen am Tag bis zu vierzig Kilometer zurück, so viel wusste ich. Ich wusste ferner, dass Wölfe größeres Wild nur in der Gruppe jagen und sich das jeweils schwächste Tier aussuchen. Selbst wenn es sich um einen Wolf handelte und selbst wenn dieser sich weiterhin in der Nähe der Alm aufhalten sollte, dann passte ich ganz gewiss nicht in sein Beuteschema! Wahrscheinlich hatte das Generatorengeräusch ihn schon längst in die Flucht geschlagen.

...

Als der Computer vollständig aufgeladen war, hatte ich keine Wahl mehr: Ich musste hinaus, die hundert Meter hinunter zum Generator, um ihn auszuschalten. Alles Denken und Rationalisieren half nichts, ich fühlte einen Grusel. Keine Angst, denn Angst ist ja konkret, und konkret war da draußen nichts. Nur potenziell, irgendwo in der Dunkelheit. Ich stapfte also durch den Schnee auf die Quelle des einzigen Geräusches zu und löschte dieses aus. Jetzt verhielt es sich genau andersherum als eine gute Stunde zuvor, jetzt lieferte mich der versiegende Generator der Dunkelheit und der Wildnis aus, ließ mich nackt in ihr stehen. Um mich war Nacht, finstere, undurchdringliche Nacht. Bald war Neumond. Heulen Wölfe wirklich den Mond an, oder ist das ein Mythos? Den Neumond gewiss nicht. Ich ging zurück, zum fahlen Schein des Solarlichts, das ich zuvor angeschaltet hatte. Da war nichts, da war ganz sicher nichts! Ich war das einzig verbliebene Wesen auf der Alm, alle intelligenten Tiere waren längst nach unten gegangen. Nur ich war noch hier.

Die Tür schloss ich ab, so wie Fatos das getan hatte. Auch die zweite Tür zum Ofenzimmer sperrte ich zu, genau wie er.

Ich hatte keine Ahnung, warum er das getan hatte, aber mir schien es vernünftig, so zu handeln wie der Hausherr – der *zoti i shtëpisë*, wie man auf Albanisch sagt: der Gott des Hauses. Es war erst sieben Uhr, was sollte ich mit dem langen Abend anfangen? Ich ging nach oben, nahm ein paar Kissen und setzte mich in Meditationshaltung auf den Boden vor das hohe Fenster. Ich sah hinaus in die Dunkelheit und ich sah nichts. Absolut nichts.

DIE SACHE MIT DEM TATZENTIER

15 Natürlich blieb ich bei der morgendlichen Routine des Holzhackens, erstens hatte sich die Aufregung des vorhergehenden Tages gelegt, zweitens waren die Verhältnisse im Licht des Tages völlig andere. Seit dem Vorkommnis mit der Axt schummelte ich ein wenig und legte mir die kleineren Baumstücke vor, die dicken ließ ich links liegen. Für später, wenn ich mehr Sicherheit gewonnen haben würde. Die potenzielle Anwesenheit eines Wolfes diente mir als Ausrede, aber im Grunde handelte es sich um Faulheit: Ich wollte schlicht so schnell wie möglich Holz hacken, um den Tag zu beginnen. Überhaupt war ich verblüfft, wie viel Zeit von den alltäglichen Verrichtungen eingenommen wurde: Mit Holzhacken, meiner Schreibtätigkeit, dem Kochen und dem Heizen waren meine Tage ganz gut gefüllt. Tagsüber gab eine Tätigkeit der anderen die Hand, Muße ergab sich nur abends, dann aber stunden-

lang. Das Missgeschick mit der Axt wiederholte sich, mehrmals blieb sie stecken, obwohl ich akribisch zu Werke ging. Mir war klar geworden, dass das Holzhacken ein meditativer Akt war, ohne Konzentration ging nichts. Gleichzeitig lernte ich schrittweise, das Holz zu lesen und besser zu verstehen. Ich wurde zielgenauer, die Axt begann dort einzuschlagen, wo ich es wollte. Doch fehlte mir immer noch die Erfahrung, um Fehlschläge zu verhindern. Der Unterschied lag in der Gelassenheit. Jedes Mal, wenn die Axt feststeckte, verfolgte ich das Protokoll des ersten Vorfalls, ohne Aufregung, ohne Ohnmachtsgefühl. Es war kein Drama. Ich sammelte die Scheite, ging hinein, heizte, machte Tee und Frühstück, arbeitete – und kümmerte mich zu gegebener Zeit um die Axt. Jedes Mal löste sie sich irgendwann, wobei mir der Zeitpunkt nicht immer logisch erschien. Es erfüllte mich immer mehr mit Befriedigung, draußen in der kalten Luft zu stehen, die Axt hoch über den Kopf zu schwingen und sie auf die zuvor ausgemachte Linie niedersausen zu lassen, bis das Holz butterweich zersprang. Selbst das dumpfe Geräusch, die Erschütterung im Körper, die kurzen Sekunden des Sammelns, die erneute Betrachtung, das erneute Ansetzen, selbst das wurde zur Routine.

. . .

An die Tatzenspuren gewöhnte ich mich indes nicht. Es hatte aufgehört zu schneien, fast jeden Morgen waren neue Spuren dazugekommen. Teils folgten sie den alten, teils nahmen sie einen Umweg, aber stets führten sie wenige Meter an der Hütte vorüber. Was auch immer da nachts unterwegs war, es übte sich ebenfalls in einer gewissen Routine, steuerte dieselbe Tanne an und nutzte über viele Meter meine Spuren über die Alm und hinunter zum Generator, immer vorbei an dem Schneehaufen, in dem … Siedend heiß fiel es mir ein: in dem Fatos' Hühnchen lagen! Da lagen Hühnerleichen im Schneehaufen! Zwar gefroren im Stahltopf und mit Draht gesichert, aber einer feinen Raubtiernase entging so was nicht! Das musste der Grund sein für die regelmäßige Inspektion, der Geruch von rohem Fleisch!

…

Ich verbrachte einen weiteren Abend oben in der Galerie, um hinauszustarren. Aber entweder hatte ich zu früh aufgegeben und war schon schlafen gegangen oder meine Augen waren nicht gut genug, um die Dunkelheit der Neumondnächte zu durchdringen.

Doch dann kam mir die entscheidende Idee: Das Tatzentier war auf Nahrungssuche, also legen wir ihm doch Nahrung bereit! Und legen wir sie so nah an die Hütte, dass der Schein des Solarlichts noch hinreicht und ich erkennen kann, um was es sich handelt. Gesagt, getan! Ich opferte ein gutes Stück der verbliebenen Sucuk, schnitt das Fleisch klein, vermengte es mit Öl und Haferflocken, um es einerseits zu strecken und andererseits vor Frost zu schützen. Öl stockt bei Minusgraden, aber es gefriert erst ab minus zehn bis minus zwölf Grad. Nachdem ich abends den Generator ausgeschaltet hatte, servierte ich das Gericht in einem Topf auf dem Holzplatz. Dieser war nah genug an der Hütte, um noch im Licht zu sein, und gleichzeitig nur wenige Meter von der Fährte entfernt. Das Tier würde Wind bekommen und sich gewiss darauf einlassen. Das Einzige, was ich zu tun hatte, war wach zu bleiben und aufmerksam zu sein. Das jedoch war leichter gesagt als getan. Bis etwa elf hielt ich durch, dann ging ich schlafen. Morgens fand ich den Topf leer. Ich musste mir etwas Besseres einfallen lassen.

...

Und ich ließ mir etwas einfallen, wenngleich es den Verlust eines weiteren Stücks wertvoller Sucuk bedeutete. Ich nahm eine Blechschüssel aus der Küche und eine jener flachen Aluminiumschalen, die zum Kochen über offenem Feuer genutzt werden. Diese setzte ich leicht schräg auf ein paar mühsam herangeschaffte Steine, platzierte die Schüssel mit dem Fleischgemisch in der Mitte auf gestapeltem Besteck, das ich sorgsam zu einer Art Mikado arrangiert hatte. Ich exportierte also Geräusch in die Lautlosigkeit: Kein Tier konnte sich heimlich und leise bedienen. Zum Schlafen wechselte ich das Zimmer, nahm die Kammer nach vorne, die ein Fenster zum Holzplatz hatte. Das Solarlicht hatte ich angelassen, es sah nach gutem Wetter aus, ich würde es anschließend wieder aufladen können. Und wenn nicht: Das Risiko, vorübergehend im Dunkeln zu sitzen, nahm ich in Kauf! Ich zog das traditionelle Wams und das wollene Unterkleid über die lange Unterwäsche und nutzte mehrere Decken. Das Fenster hielt ich einen Spalt breit offen: Der kalte Luftzug würde mir helfen, nicht allzu tief in den Schlaf zu sinken, und kein Geräusch würde mir entgehen. Ich lag auf der Lauer.

· · ·

Und tatsächlich, irgendwann in tiefer Nacht erwachte ich von einem Kratzen und Schaben, Metall auf Metall. Ich wusste sofort, was los war, und schlug übervorsichtig die Decken zurück, um mich langsam aufzurichten und aus dem Fenster zu spähen. Ein Fleck aus Pelz war dort unten schwer beschäftigt, er warf im Licht der Solarlampe einen bizarren langen Schatten. Eine Tatze stand auf der Aluminiumschale, die Schnauze schob die Schüssel über das Besteck. Die Aluminiumschale rutschte von den Steinen, die Schüssel schlug auf, das Besteck klirrte. Der Fleck streckte sich und ergriff die Flucht, schoss durch den Schnee und war auf und davon. Das spitze Gesicht, der bauschige Schwanz, es war klar: ein Fuchs im Winterfell. Das Atmen fiel mir sofort leichter. Es war physisch spürbar, als hätte ich ein kleines bisschen mehr Platz in der Lunge oder als hätten krampfhaft angespannte Rippen plötzlich etwas nachgegeben ... Mein Gott, nur ein Fuchs! Das Rätsel war gelöst, meine Beunruhigung war völlig umsonst gewesen, ein fetter, großer Fuchs, ein naher Verwandter des Wolfs, aber ein sesshafter Einzelgänger. Sein Bau musste irgendwo in der unmittelbaren Nähe sein, und nachts ging er auf Streife durch sein Revier. Wie hatte ich das verwechseln können? Vielleicht lag es am lockeren Neuschnee, der die Tatzenspuren größer hatte erscheinen lassen, als sie in Wirklichkeit waren. Jedenfalls war mir jetzt klar, woher die Schleifspuren im Schnee kamen: Ein Fuchs hat, im Gegensatz zum Wolf, schlicht und einfach zu kurze Beine, um den Körper über dem Schnee zu halten, deswegen nutzte der Kollege meine Spuren, wann immer es ging. Der Normalzustand war also wieder hergestellt – genau genommen hatte er nie aufgehört, nur ich war aufgrund meiner Spekulationen auf Abwege geraten. Ich nahm die Decken, wechselte in die wärmere Kammer und glitt zurück in den Schlaf.

SCHRITTE IN DIE STILLE

16 Die Tage blieben strahlend, und schon frühmorgens war das intensive Licht zu erahnen. Der Himmel wirkte dunkler in dieser Höhe, Kobaltblau oder dunkles Azur, nicht das Kornblumenblau der Ebenen und meiner fränkischen Heimat. Ich starrte versonnen hinauf, als würde mir all das Blau etwas erzählen – jenes Blau, welches das Resultat von Lichtbrechung durch die Erdatmosphäre ist.

Aus dem Vorfall mit dem Fuchs zog ich ein paar Lehren, indem ich mir sagte: Wenn du dich nicht auskennst, lass das Spekulieren, nimm einfach hin. Nimm alles hin wie das Wetter, suche Schutz, wenn es schneit, heize, wenn es kalt wird. Geh nicht auf den Berg, wenn der Winter es verbietet. Reagiere auf das, was ist, nicht auf das, was scheint, was du dir ausmalst! Folge nicht der Vorstellung, höre nicht auf das, was du denkst, folge dem Instinkt, der unmittelbaren Einsicht in das, was geschieht. War es nicht nutzlos, sich auszumalen, was auch nur wenige Tage später sein würde? Im Tal hatte ich mir eingebildet, ich würde an die Hajla hinaufgehen, ruhig und aufgehoben auf Mutter Naturs Schoß sitzen, kuhäugig in die Berge schauen und jede Menge Zeit haben. Nichts davon traf ein: Meinen Alltag hatte ich gegen einen anderen eingetauscht, ein Leben auf Probe in der Höhe, Auge in Auge mit einer Wildnis, die zu groß für mein Fassungsvermögen war. Was wollte ich hier? Für die gleichgültige Bergwelt war ich doch nur ein Störenfried, ein bunter, nichtsnutziger Fleck in einem Plastikanorak.

. . .

Neumond stand bevor, und nachts liefen Abertausende Sterne zu Höchstform auf, schienen in ein absolutes Schwarz gepinnt, in das Gegenteil jeder Farbe. Starr standen die Tannen, nur ab und zu zerstob der Schnee von einem Ast, der gleich wieder in seine Ursprungsposition zurückschnellte, eine pudrige Wolke bildete sich und sank zu Boden. Vormittags schaffte ich einen Stuhl nach draußen in den tiefen Schnee, wo der Schein der frühen Sonne hinfiel und die Solarbatterie auflud. Im Abstand von gut einer Stunde musste ich nachjustieren und das Paneel neu auf den Sonnenstand ausrichten. Ich war es leid, dafür jedes Mal mühsam die Bergschuhe anzuziehen, und stapfte in Clogs durch den Schnee. Nach kurzer Zeit gab es einen neuen Pfad, eine Stichtrasse hinaus auf die Schneefläche. Zwischendrin hielt ich inne, um zu lauschen. Ich spitzte die Ohren, aber außer dem knirschenden Schnee unter meinen Schuhen war da nichts. Es war gar nichts, alles schwieg. Als hätte man Kopfhörer auf, so still und gedämpft wirkte die Welt. Das Einzige, was zwischendurch die dünne Luft teilte, waren Meisen, kleine Tannenmeisen, die in hoher Geschwindigkeit und auf gerader Linie von Baum zu Baum flogen. Man hörte förmlich, wie ihr Alarmruf durch die Luft reiste, feine Nadelstiche im noch feiner gewebten Gefüge der Stille anbrachte. Weiter oben waren es Dohlen, ein ganzer Schwarm, den man ab und zu an den Felsen sah. Aber deren Ruf drang nicht bis nach unten, sie waren zu hoch, zu weit weg. Hinter dem Haus, ungestört und gleichzeitig geschützt, schlug sich eine Vogelart durch den Winter, die ich nicht kannte: gedrungene dunkelgrüne oder rostbraune Gesellen mit einem dicken, papageienähnlichen Schnabel. Mit diesem konnten sie wahrscheinlich die Tannenrinden aufbrechen und nach Larven suchen, ich wusste es nicht. Aber es machte Spaß, ihnen durch das 3G-Fenster zuzusehen, wie sie Tag für Tag ausschwärmten und wieder einflogen. Im Gegensatz zu den Meisen blieben sie in Bodennähe, unternahmen lediglich kleine Sprünge zum nächsten Baum. Und sie schwiegen, verrichteten ihr Tagwerk ohne jeglichen Laut, lediglich den Flügelschlag konnte man durch das Fenster erahnen, ein Zischen, so als würde jemand in schneller Folge Atem ausstoßen. Die schrägen Vögel hoben sich mit zwei, drei Flügelschlägen vom Boden, um sich dann in einer parabolischen Kurve und ohne weiteren Schlag wieder fallen zu lassen: auf einen Ast, einen Baumstamm oder auf die vorstehenden Balken der Hütte. Die verbliebene Geräuschkulisse war also ungemein fein. Die Stille umarmte mich, denn ich begann, mich langsamer zu bewegen, vorsichtiger, geräuschärmer. Hätte ich Zuhörer gehabt, ihnen wäre aufgefallen, dass auch das Holzhacken einen Rhythmus annahm, dass die Schläge in verlässlichen Abständen niederfuhren, dass selbst die Zeiten sich einpendelten: ein halbe Stunde morgens, eine weitere am frühen Nachmittag. Ich genoss abends die mildere Witterung, den sagenhaften Sternenhimmel, legte mich weiterhin ebenso früh zu Bett, wie ich aufstand. Die Arbeit am Manuskript schritt gut voran. Zum Recherchieren nahm ich das Mobiltelefon, ging nach oben und suchte zusammen, was ich brauchte. Nachrichten las ich regelmäßig, ja täglich, aber sie schienen immer ferner zu sein und immer weniger mit meiner Welt zu tun zu haben. Die Schlagzeilen waren die gleichen, einen Neuigkeitswert gab es nicht, sie stellten vielmehr Ablenkung dar, einen grotesken Unterhaltungszirkus. Ansonsten blieb mein Internetkonsum abgesehen von ein paar Chats oder Facebook-Postings streng begrenzt, weder hatte ich ausreichend Strom noch genügend Datenvolumen, um mich über die Maßen mit dem Netz zu beschäftigen.

In Richtung Berg hatte es mich seit dem letzten missglückten Ausflug nicht mehr gezogen. Ich drehte trotzdem kleinere Runden, hinauf auf die Kammhöhe hinter der Hütte, von wo man bis weit in das Kosovo schauen konnte, oder über den Generator hinaus, von wo sich ebenfalls ein Blick hinunter ergab, zur anderen Seite hin, in die Tiefe des Rugova-Tals. Der Schnee wurde feucht und kompakt, unangenehm nass

DIE HÜTTE AN DER HAJLA

Wo es einen so hin verschlagen kann:
Auf 2000 Meter in eine Blockhütte in den
Verfluchten Bergen. Im Winter.

Gleich hinter Peja geht es los. Durch die
Rugova-Schlucht kommt man in null Komma
nichts in die Verfluchten Berge.

Der Gebirgszug
erstreckt sich
über drei Länder:
Kosovo, Montenegro
und Albanien.
Die Hütte an der
Hajla ist hier
im Vordergund zu
erkennen, am
Horizont liegt
schon Albanien.

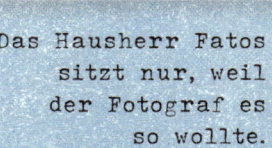

Das Hausherr Fatos
sitzt nur, weil
der Fotograf es
so wollte.

Das Foto ist von Anfang Dezember, nichts
deutete auf die Schneemassen hin, die da
kommen sollten. Nichts, außer Fatos.

Im Januar stellte sich
die Lage dann schon
anders dar, ganz anders.
Und ein bisschen
gewöhnungsbedürftig.

Hat durchgehalten: der
altersschwache Generator,
notdürftig abgedeckt unter
einer Riesentanne.

Irgendwann hält man
sich mit Schneeschippen
nicht mehr großartig
auf, man läuft einfach:
täglicher Arbeitsweg zum
Generator und zurück.

Ich soll Fotos
machen, haben sie
gesagt. Möglichst
draußen und in
Action, hieß es.

Darf ich vorstellen:
einer der Haupt-
darsteller.

Oben an der Südflanke der Hajla hat man
Privatwetter. Hier der Blick über das Rugova-
Tal, rechts unten Alm und Hütte.

Die Hajla in ihrer ganzen Pracht. Das Foto ist früh am Morgen von der Hütte aus aufgenommen, noch vor acht Uhr. Wochenlang

war sie im Schneetreiben verborgen geblieben,
dann kam am Silvestertag meine ganze Welt
wieder zum Vorschein.

Kurz vor der Dämmerung doch noch eingetroffen:
Fatos mit Barri im Schlepptau sowie Zigaretten und Raki im Gepäck. Und mit ziemlich
genau zwei Wochen Verspätung.

klebte er in großen Stücken an Schuhen und Hose. Von den Mengen allerdings, die Fatos versprochen hatte, keine Spur, im Gegenteil, mit jedem Tag wurde es wärmer, und schließlich begann es zu tauen. Es tropfte vom Dach, riesige Eiszapfen bildeten sich, und es nieselte unter den Tannen. Dort, wo der Generator stand, regnete es eines Tages, es regnete Schmelzwasser von den Ästen, und wo es auftraf, schmolz der Schnee dahin. Ein Konzert der Tropfen setzte ein, das in der größten Mittagswärme gegen eins, halb zwei einen ausgedehnten Höhepunkt fand und mit der schwindenden Sonne ein schlagartiges Ende. Nachts gefror der Schnee wieder zu einer kompakten Eisschicht zusammen, das Resultat davon war, dass der Fuß einige Sekunden lang Halt fand, um schließlich doch einzubrechen, sprich das Fortkommen noch schwerer wurde, als es eh schon war. Weiter oben an den Flanken der Hajla begannen sich kleine Lücken zu zeigen, Felsen durch den Schnee zu stoßen, einzelne Latschenkiefern zu erscheinen. Ich nahm all dies zur Kenntnis, mit einem gewissen Wohlgefallen, und nicht ganz interesselos. Ich ging meine Besorgungsgänge, vertiefte die Pfade, freute mich am uneingeschränkten Gebrauch des Solarlichts, blieb länger wach als zuvor und schrieb. Ich tauchte in die Arbeit und in meine Struktur ein, ich wohnte nicht nur in der Hütte, sondern auch in meinen Gewohnheiten und dem Rhythmus, den ich etabliert hatte. Ich funktionierte, und die Ablenkungen waren weitgehend versiegt. Dann machte ich einen dummen Fehler.

. . .

Ich weiß gar nicht warum, wahrscheinlich aufgrund der milden
Witterung, aber als ich in der Abenddämmerung hinunter zum
Generator ging, zog ich die Tür nicht zu. Ich ließ sie einen Spalt
breit offen. Dieser Spalt und zehn Minuten meiner Abwesenheit waren die Zutaten für eine kleine Katastrophe. Als ich wie-
derkam, war die Gemüsekiste geplündert, Kartoffeln, Äpfel,
Tomaten, Lauch und selbst der Kohlkopf lagen zerbissen und
in Einzelteile zerlegt breit verstreut in der Küche. Nichts war
ganz geblieben! Jemand, ich verdächtigte den Fuchs, hatte ge-
wütet, wild um sich gebissen, um etwas Schmackhaftes zu erwi-
schen. Die Auberginen fehlten. Die musste er mitgenommen
haben, der kleine Bastard. Er musste mich studiert haben, meine Gänge genau gekannt haben, um heute seine Chance wahr-
zunehmen. Ich Idiot, wie konnte ich denn die Tür offen lassen?
Ich besah den Schaden genauer und fand zu meiner Bestür-
zung, dass kaum etwas zu retten war. Jede einzelne Kartoffel
wies Bissspuren auf, jede! Konnte er denn nicht nach einer be-
schließen, dass er das Zeug roh nicht mag? Wie war das blöde
Vieh denn vorgegangen? Hatte es sich in die Kiste geschmissen
und nach allen Seiten ausgeteilt? War es blind, hatte keinen Ge-
ruchsinn? Kannte es Gemüse nicht, weil es eine solche Auswahl
in der Höhe nie bekam? Saudummes Tier. Und, viel wichtiger:
Was von dem verbissenen Zeug konnte ich noch essen?

Ich setzte zwei Töpfe auf, befeuerte den Ofen bis zum Anschlag und kochte einmal Gemüsebrühe und einmal Suppe.
Damit war der Speiseplan für die nächsten Tage geregelt.

. . .

Als die Suppe zur Neige ging, war die Sonne immer noch da, zog ihre kurze Bahn im Rücken der Hütte. Der fortdauernde Sonnenschein, die freundlichen Farben und der funkelnde Schnee nervten mich von Tag zu Tag ein wenig mehr. Vielleicht lag es an meinem nordischen Charakter, dem jeder Sonnentag als Befehl gilt, sich draußen aufzuhalten, etwas zu unternehmen, etwas zu erleben. Oder war es das Taugeräusch, die stetigen Tropfen vom Dach, das Nieseln der Tannen, die mein Gemüt aushöhlten, weil sie so täuschend nach Frühling klangen? Wollte ich den Winter abschütteln, so wie die Tannen den Schnee, die nach und nach dunkel, fahl und nutzlos in der Gegend standen, scheinbar ohne Leben? Die Schneedecke war gar nicht der Tod, die Schneedecke war vielmehr das gnädige Leichentuch, das vor dem Antlitz des Todes schützte. Jetzt aber hatte es Lücken und Risse, jetzt schmolz es dahin, und die ganze matte Leblosigkeit der Berghänge kam ans Licht, einzig die Alm blieb verschneit und vereist. Eine Verkehrsinsel war sie jedoch nicht mehr, neue Fährten gab es keine. Vielleicht war der Schnee so kompakt zusammengefroren, dass die Tiere über das Eis tanzten. Wahrscheinlicher aber war, dass sich jeder, der auf Flechten und Gras angewiesen war, nach dem ersten größeren Schneefall nach unten begeben hatte.

Ich wünschte mir die Wolken zurück, den dichten Nebel und das unwirtliche Wetter, damit ich es leichter haben würde, drinnen zu sitzen und still zu halten. Die Sonne erschien mir wie Hohn, sie stand nicht mehr für das Leben, sie leuchtete lediglich Tag für Tag die unbewegte Ödnis aus, ließ lang gezogene

Schatten über die Hajla wandern, als sei das Bergmassiv eine einzige Sonnenuhr. Es ging auf die längste Nacht des Jahres zu, und den kleinen Tagesabschnitt, der dem Licht noch zustand, derart mit Kontrasten aufzuladen, wo doch alles Leben tief erloschen lag, schien mir ungehörig – es hatte etwas Obszönes. Ich entwickelte ein Unbehagen der Sonne gegenüber, einen Groll. Erst arbeitete ich dagegen an, klebte an Rhythmus und Disziplin, musste mir aber schließlich eingestehen, dass ich mich langweilte. Dass ich kein Ziel, keine Richtung mehr hatte und vor den Fenstern umherstrich wie der Panther vor den Stäben: Ich drehte mich im allerkleinsten Kreise und wollte, ja musste etwas unternehmen! Etwas, das unabhängig von Wetterwechseln Struktur schaffte. Etwas, das ein Vorher und ein Nachher sowie ein Mittendrin haben würde.

Ja, ich wollte auf den Berg!

WAS WILL ICH AM GIPFEL?

17 Aber noch zögerte ich. Ich hielt beim Holzhacken inne und sah angestrengt hinauf: Die Flanke der Hajla verfärbte sich weiter, das Weiß wurde schmutzig und bekam Lücken, in denen das fahle Ocker der Grasnarbe erschien. Erst wurden die Felsen in ihrer Gesamtheit sichtbar, schälten sich aus dem Schnee, dann kamen die größeren Findlinge zum Vorschein und schließlich weiteres Gestein. In den Vertiefungen und im Schatten blieb der Schnee liegen, war aber so weit abgeschmolzen, dass man nicht mehr allzu tief einsinken würde. Lediglich die letzten Höhenmeter und der gesamte Grat schimmerten noch durchgehend weiß im Sonnenlicht. Ich wurde unruhiger mit jedem Tag, sah auch den restlichen Schnee dahinschmelzen.

Den Ausschlag aufzubrechen gab schließlich eine Schneewechte, keine am Berg, sondern eine vom Dach. Dort hatte sich die Schneeschicht auf der gesamten Breite des Firstes nach vorne geschoben und hing über. Just als ich draußen stand, um erneut die Hajla und die Schneeverhältnisse zu studieren, löste sich eine beachtliche Schneelawine und schlug keinen halben Meter neben mir ein. »Okay«, sagte ich mir, »wenn das so ist und ich beim Dummrumstehen Gefahr laufe, erschlagen zu werden, dann kann ich genauso gut hinaufgehen.«

Am 23. Dezember hielt mich nichts mehr, am Tag vor Heiligabend ging ich schließlich los.

...

Es war ein warmer, windstiller Tag voller Sonne. Ich zog die traditionelle wollene Unterwäsche an, diese unfassbar dämlichen Jogginghosen, an denen bei der ersten Gelegenheit der Schnee kleben blieb und bei der nächsten die Feuchtigkeit eindrang, und den Anorak. Ich füllte eine kleine Plastikflasche mit schwarzem Tee, Zucker und Zitrone und zog ihr zwei Strümpfe über. Zu guter Letzt legte ich das Messer an.

Noch auf dem ersten flachen Abschnitt vor der Hütte kamen mir Zweifel, denn dort hatte der Wind vor der Schönwetterperiode allen Schnee versammelt, und das Fortkommen auf der jetzt vereisten Schicht war mühsam: Die Füße brachen durch, die Schuhe verhakten sich bei fast jedem Schritt in den scharfen Kanten der Eisschicht. Sobald der Anstieg jedoch steiler wurde und ich mir meine Linie über ermattetes Gras und niedrig wachsende Latschenkiefern suchen konnte, ging es erheblich leichter und ich kam gut voran, so gut, dass ich bald über den Punkt hinausstieg, an dem ich beim letzten Mal

umgekehrt war. Wenn ich mich umdrehte, ein paar Schlucke
vom Tee nahm, konnte ich den Blick über die kleiner werden-
de Hütte schweifen lassen, über den Kamm und das gesamte
Rugova-Tal, das unter einer dicken Wolkenschicht begraben
lag, bis hin zur gegenüberliegenden Bergkette. Das sonnige
Wetter schien nur für mich gemacht, in Peja war es wahrscheinlich grau und regnerisch, die Menschen missgelaunt
und eilig unterwegs. Ich war also nicht nur isoliert, ich be-
wohnte eine ganz eigene Sphäre. Beim Weitersteigen wurden
auf einmal weiß-rote Wegmarkierungen an den Felsen sichtbar, was mir ein gutes Gefühl gab und mich weiterziehen ließ:
Ich hatte den offiziellen Verlauf des Pfades gefunden und beschloss, bis zum Grat zu gehen, um wenigstens einen Blick hi-
nüberzuwerfen. Erst im letzten Stück, auf vielleicht dreihun-
dert Metern, wurde der Schnee wieder zum Problem und ich
erheblich langsamer. Inzwischen aber flachte der Anstieg ab,
die Felsformationen des Grates waren schon in Sichtweite,
und mit einer letzten Anstrengung war er erreicht. Ich ging die
verbliebenen Schritte durch tieferen Schnee, der sich im
Windschatten der Felsen hatte ansammeln und halten können, dann öffnete sich, durch eine Lücke in den überschneiten
Felsen, der Blick nach Montenegro.

Unwillkürlich wich ich zurück und hielt den Atem an: Der
vereiste Fels fiel fast senkrecht ab, weit, weit hinunter. Ich hatte
durchaus Erfahrung am Berg und war auch im Winter schon in
größere Höhen gestiegen, aber bislang eher durch Täler oder auf
Pfaden. Auf einem so ausgesetzten Grat wie dem der Hajla
stand ich noch nie. Das war ebenso neu wie der Schwindel, der

Sog, der von der Tiefe zu beiden Seiten ausging. Ich stand auf Eis, vor mir die hinabstürzende Felswand, hinter mir die steile Südflanke, zur Rechten der Grat, zur Linken die Wellenlinie der Vorgipfel und der Anstieg zum Gipfel selbst. Die Hajla war ein einziger Grat, eine sichelförmige Abfolge eisüberzogener Abgründe – ohne jegliches flache Stück. Es schien, als ob das Eis und die Schneeplatten von Montenegro herüberwüchsen, der lang gestreckte Grat ragte in dunkles, scheinendes Blau. Furcht ergriff mich, meine Knie wurden weich: abstrakte Furcht, eine minutenlange Schwächung, ja Lähmung des Körpers, ein kurzer Stillstand des Geistes. Furcht hat eine andere Qualität als Angst, die hat man, begründet oder unbegründet, *vor* etwas. Zum Beispiel vor einem Wolf, der in Wahrheit ein Fuchs ist. Angst sorgt dafür, dass man auf der Hut ist. Furcht jedoch ist unmittelbarer, kälter, brutaler, sie kommt *von* etwas. Furcht ist eine Faust, die dich im Griff hat, deinen Spielraum einengt. Es war nicht wirklich gefährlich, aber die steil abfallenden Bergkanten und der Schwindel erschütterten mich. Wäre es windig gewesen, ich hätte es gut sein lassen und wäre nicht weiter, ich wäre umgekehrt. So aber suchte ich Halt, sammelte mich, sagte mir »Ruhig Blut, es ist nur der Kopf, für die Füße kein Problem«, und arbeitete mich dann ein wenig unterhalb der vereisten Kuppen den Grat entlang, dort, wo ich den über Felsen mäandernden Pfad in Richtung Gipfel vermutete. Wegmarken waren kaum noch zu sehen, aber es gab ohnehin nur eine mögliche Richtung. Es war phänomenal, und mehr als einmal suchte meine rechte Hand Halt an einem Felsen, wollte sich versichern, dass die Gravität noch funktionierte. Jeden Anflug von Schwäche versuchte ich durch Konzentration wettzumachen. Eine gute halbe Stunde arbeitete ich mich so vor, in Richtung Gipfel. Ich glaubte, dass ich, wenn ich den Gipfel überschreiten würde, auf der anderen Seite einigermaßen mühelos nach unten gehen konnte. Umzukehren und über den ausgesetzten Grat zurückzugehen, schien mir daher die schlechtere Option. Aber es kam anders: An einer mit Eis und Pulverschnee überzogenen Nase – rechts ging es in einem V-Ausschnitt senkrecht hinunter, links lagen die überschneiten Felsformationen des Gipfelkamms – weigerte ich mich weiterzusteigen, die Vorstellung, der Schnee könnte nachgeben und ich ins Schlittern kommen, wurde zu stark. Stattdessen kletterte ich direkt nach unten, um auf dem Hosenboden zwischen Felsen hinunterzurutschen und entlang einer quer aufsteigenden Rippe und durch Schneefelder steil abzusteigen.

. . .

Wochen später erzählte mir Fatos, dass ein Freund von ihm, Çako, hier oben ums Leben gekommen war, er hatte auf Eis einen falschen Schritt getan, war ins Straucheln geraten und über die Kante gestürzt. Çako, der an der Hajla jahrelang für den Himalaya trainiert hatte, der schließlich Achttausender bestiegen hatte. Jahrzehnte sei das her, und die Hajla habe noch in Jugoslawien gestanden. Fatos meinte: »Man muss nicht bis zur Annapurna, um umzukommen.« Es brauche nur ein bisschen Nebel, kaum noch Sicht – und schon sei man ein paar hundert Meter von der Hütte entfernt verloren, es sei denn, man kenne jeden einzelnen Baum. Çako hatte weiter unterhalb von Fatos' Blockhütte einen eigenen Unterschlupf besessen, mehr ein Verschlag als eine Hütte, und hatte ganze Winter an der Hajla verbracht, um zu trainieren. Zweimal war er halb erfroren von Dörflern aufgelesen worden, weil er, durch Schlechtwetter entkräftet, irgendwo herumgestiegen und schließlich nicht mehr weitergekommen war. Es kann schnell gehen in den Bergen, und Höhe ist nicht die ausschlaggebende Größe. Das ist ein Grund, warum ich eine Abneigung gegen Tourenplanungen und eng gesteckte Terminpläne entwickelt habe: Es ergibt keinen Sinn, vorab zu bestimmen, wann man wo ist, und den Tag für den Gipfelgang im Voraus festzulegen. Man muss abwarten, wann und ob dieser Tag kommt, den Berg und das Wetter entscheiden lassen. Mir geht es wie Fatos, ich bin kein Gipfelmensch, ich muss nicht auf Teufel komm raus bis zum höchsten Punkt, nur um anschließend zu erzählen, ich sei dort gewesen. Die Berge sind mir vielmehr ein Raum, durch den ich mich gerne bewege, in dem ich mich gerne aufhalte, Saumpfade und Pässe sind mein eigentliches Habitat. Oder wie es Fatos ausdrückte: »Was will ich am Gipfel? Wartet dort etwa meine Mutter?«

. . .

Im Zickzack stieg ich zügig durch die steilen Schneefelder ab, suchte mir eine Linie, auf der ich glaubte, nicht allzu tief einzubrechen, und hatte bald die ersten vereinzelten Tannen erreicht, die in so regelmäßigem Abstand in der Flanke wuchsen, als wäre es Absicht. Ich stellte fest, dass ich mein Messer verloren hatte, es musste sich aus dem Holster gelöst haben, als ich durch den Schnee rutschte. Die letzten wenigen hundert Meter durch den tiefen Schnee und das Eis der Alm waren die schwersten, obwohl ich peinlich bemüht war, die Fußstapfen vom Hinweg zu nutzen. Die Erschöpfung, die sich zu guter Letzt einstellte, war mehr der mentalen Anstrengung geschuldet als der physischen, sie ging auf die fortdauernde Anspannung zurück.

. . .

In der Hütte fand ich noch Glut vor und schürte nach. Ich war lediglich drei Stunden unterwegs gewesen, dreieinhalb vielleicht, allerhöchstens vier, ganz genau wusste ich es nicht. Aber ich wusste jetzt, mit wem ich es zu tun hatte, wer die Hajla war: ein wenige Schritt breiter, scharf geschnittener, unheimlicher Grat, dessen steiles Süddach im Vergleich zum senkrechten Felssturz auf der Nordseite geradezu sanft war. Es war nicht ohne Risiko gewesen, dort ganz allein herumzusteigen. Auch wenn ich es gewohnt bin, allein zu gehen, meinem ganz eigenen Rhythmus zu folgen. Jeder Fehltritt, jede Dummheit hätte Konsequenzen gehabt. Mein Mobiltelefon hatte ich nicht mitgenommen, es war mir unnütz erschienen. Kommen könnte eh keiner, eine Bergwacht oder einen Helikopter gibt es im ganzen Kosovo nicht; wenn, dann kämen die Freunde, und die kämen Stunden später: eine Stunde für die Anfahrt nach Pepaj, zwei für den Aufstieg zur Hütte, noch eine weitere für den Berggang und mindestens noch eine, um mich zu finden. Und überhaupt: Mit einem verstauchtem Knöchel könnte man sich noch zur Hütte zurückschleppen, mit gebrochenem Bein würde man notfalls hinunter kriechen oder kugeln. Dann könnte man den Notruf mit einem Dach über dem Kopf absetzen. Und bei Schlimmerem musste man gar nicht mehr telefonieren. »Hey Mentor, ich stürze gerade nach Montenegro ab. Wetter hervorragend, Aussicht blendend, aber könnte jemand kommen zum Auffangen?« Was hatte Mentor zum Abschied gesagt? Wir würden uns in jedem Fall wiedersehen. Ganz gleich in welchem Zustand.

Erst jetzt verstand ich den Witz.

WISSEN, WO MAN IST

18 Am nächsten Morgen, als das Licht langsam die Konturen der Hajla aus dem Dunkel schälte und die langen Schatten der Tannen ihr Relief auf den Berg zeichneten, da sah ich zu ihr hinauf wie zu einer Bekannten, einer Freundin. Deutlich zeichnete sich die Felsnase, an der ich hinuntergestiegen war, gegen den Himmel ab. War es eine selbst gestellte Aufgabe gewesen, einmal dort oben gewesen zu sein? War ich deshalb jetzt so zufrieden? Weil ich etwas erledigt hatte? Hatte ich mir etwas bewiesen? Oder schufen der gewonnene Überblick, das Wissen um den Grat, der Blick nach Montenegro eine Art Sicherheit? Hatte ich erst einen Kreis ziehen müssen, um mich nun beruhigt in dessen Mitte niederzulassen? Oder war es nur der nachträgliche Effekt des Adrenalins, das mir auf dem Grat durch die Adern geflossen war? Die Furcht, die ich dort oben empfunden hatte, war nicht vergessen, aber sie hatte sich verwandelt, sich wie ein Krampf gelöst.

Ich gehöre, was Berge und Bergsteigen angeht, zu den Spät-
berufenen. Jahre-, ja jahrzehntelang hatte es mich nicht hi-
nausgezogen, nicht auf Wanderschaft und schon gar nicht in
eisige Höhen. Dass sich dies änderte, dass ich anfing, die Berge zu suchen, dafür gab es ein initiales Erlebnis. Keine zehn
Jahre ist das her, als ich begann, die Faszination der Berge zu
verstehen, ja ihr zu erliegen. Ich bin im Fränkischen aufgewachsen, aber nicht die nahen Alpen waren es, die mich be-
kehrten, nein: der Hohe Atlas im fernen Marokko. Ich arbeitete damals noch in einer Berliner Weinhandlung und konnte
großzügige Auszeiten organisieren, trachtete vor allem danach, den entsetzlich langen Winter abzukürzen, indem ich
mich beizeiten nach Süden absetzte. Ich wollte den Hohen
Atlas sehen, der im Frühling noch schneebedeckt sein würde. Die dorfähnliche Ansammlung von Imlil schien mir der
perfekte Aussichtspunkt dafür zu sein. Umso überraschter
war ich, die Ansiedlung voller Pensionen zu finden, jedes
dritte Haus war zur Bar, zum Restaurant oder zum Trek-
kingausrüster mutiert. Ich hatte mir keinen Begriff von der
Popularität gemacht, die das Dorf genoss, hatte nicht gewusst, dass es den offiziellen Ausgangspunkt zu den höchsten
Bergen Marokkos darstellte. Zum Bergsteiger bin ich nur
deswegen geworden, weil alle anderen, die dort gelandet waren, hinaufwollten und mein Herbergsvater Ahmed davon
ausging, bei mir sei das genauso. Er hatte mich aus einem
Café heraus aufgegriffen, als ich die einzige Straße entlang-
schlenderte, den Rucksack über der Schulter. Auf freundliche Gesichter lasse ich mich immer ein, und Ahmed hatte

ein freundliches Gesicht. Er erzählte von seiner Familien-
pension, die etwas oberhalb liege, etwa zwanzig Minuten.
Man komme nur zu Fuß dorthin oder mit dem Esel. Später
bekam ich mit, dass dies gewissermaßen Ahmeds Job war: im
Café zu sitzen und Fremde zu fischen. Seine Söhne bewirt-
schafteten die Pension, die Damen des Hauses die Küche.

Als ich am dritten Tag immer noch nichts anderes tat, als
auf der Terrasse zu sitzen und den Blick in die Bergwelt schweifen zu lassen, fragte Ahmed, wann es denn losgehe: Wann ich
denn hinaufgehen wolle, das Wetter sei doch perfekt. Der
Weg sei ganz einfach, jedenfalls bis zum *refuge*, zur Hütte. Jeder gehe dorthin. Er sagte, meine Sachen könne ich in der Pension lassen, ich solle nur das Nötigste mitnehmen, auf halber
Strecke liege ein kleines Dorf, Proviant würde er mir mitgeben. Dann holte er die Steigeisen, um sie auf meine Schuhe
anzupassen und in die Preisverhandlung einzusteigen. Einmal
im Besitz von Stecken und Steigeisen konnte ich ihn nicht
mehr enttäuschen und brach mit der Dämmerung am nächsten Morgen auf.

Der Weg war nicht schwer, er führte durch karge Land-
schaft, über den Felswänden tanzten Dohlen, die Berghänge
strahlten weiß. Mit zunehmender Höhe wurde die Natur einerseits feingliedriger und sparsamer, andererseits großspu-
riger und brutaler: Die Felsen standen übermannshoch, die
Gräser waren zu Matten verdichtet, die Halme klein wie junge
Gartenkresse. Alles wurde rauer, unwirtlicher, bis nur noch
Moose und Flechten wuchsen. Ein paar Schneefelder und ein
Bach mussten überquert werden, dann – auf der Schattenseite

des Tals – begann der Anstieg zum Pass, zum *Tizi n'Ouanoums*. In den Kehren lag zwar Firnschnee, doch noch konnte man ihm ausweichen, und so beschloss ich, so lange wie möglich ohne die ungewohnten Steigeisen zu gehen. Schnell wurde es steinig und steil – und ich kurzatmiger. Insgeheim dankte ich Ahmed für den Stecken und verfluchte gleichzeitig mich, dass ich nur einen mitgenommen hatte. Ein leises Klirren wie von hundert Glassplittern irritierte mich, denn ansonsten herrschte Todesstille, kein Laut war zu hören. Dann merkte ich, dass mein Trinkwasser am Gefrieren war, ich hatte es in einer einfachen Plastikflasche außen am Rucksack befestigt. Als sich der Firnschnee verdichtete und auf der schrägen Fläche kein Ausweichen mehr möglich war, versuchte ich, die Steigeisen anzulegen. Mehrfach hatte ich im Tal geübt, wie das geht, doch jetzt konnte ich mich nicht mehr erinnern. Ich konnte überhaupt nicht mehr denken. Ich kauerte zwischen abschüssigen Steinkanten, brachte mit Handschuhen nichts zustande und versuchte es ohne. Mehr schlecht als recht befestigte ich die Steigeisen an den Schuhen, bevor die nackten Hände zu kalt wurden. Ich ging ein paar hundert Meter, rutschte mit den Schuhen in den Eisen herum und stand auf einmal vor einer dunklen Wand aus Stein und schräg abfallendem Firnschnee. Das Herz rutschte mir in die Hose, es meldete sich eine Stimme zu Wort, die ich aus dem Alltag nicht kannte – die Stimme der Furcht: »Das machst du nicht!«

Der Pass war bestimmt nicht mehr weit, und ich zögerte: »Bis in die Sahara kann man von dort oben schauen.«

»Oder bis ins Grab ...«, sagte die Stimme.

Ich kehrte um, entledigte mich der Steigeisen, sobald es möglich war, arbeitete mich die Kehren hinunter und stand schließlich wohlbehalten im Hochtal.

Auf dem leichten Weg zurück haderte ich minutenlang mit meiner Entscheidung. Erst später wurde mir klar, dass ich Bekanntschaft mit einer sehr guten Freundin geschlossen hatte: der Furcht. Furcht macht einem bewusst, dass man im Begriff ist, seine Komfortzone zu verlassen, und dass das eigene Überleben nicht gesichert ist. Sie hindert einen nicht am Handeln, sondern sorgt für die nötige Anspannung, fordert Entscheidungen und Vorsichtsmaßnahmen. Und so hatte ich mich entschieden, eben nicht weiterzugehen, meine Komfortzone nicht zu verlassen. Ich hatte realisiert, dass es neben dem Ziel, hinaufzukommen, ein zweites, wichtigeres Ziel gibt: heil hinunterzukommen.

Als ich einen Tag früher als geplant zurückkam, hörte sich Ahmed meine Geschichte an, servierte Tee und strahlte: »Jetzt weißt du, wo du bist.«

· · ·

Dieser Satz und dessen Wahrheit waren mir in Erinnerung geblieben, und sie trafen exakt auf meine jetzige Situation zu: Erst nachdem ich oben auf der Hajla gewesen war, hatte ich meinen Kreis beschrieben und wusste, wo ich war. Das gesamte Reich von Berg und Alm hatte ich mir erschlossen, was darüber hinaus lag, ging mich nichts mehr an. Ich konnte mich beruhigt zurücklehnen, jetzt, wo der Blick aus dem Fenster auf

Bekanntes fiel, wo das Fenster meine Erfahrung einrahmte und nicht mehr meine Ambitionen. Jedenfalls fühlte ich mich nicht mehr fremd, nicht länger in der Wildnis ausgesetzt, sondern als ein Teil von ihr.

So bequem meine Hütte auch war, sie bot mir lediglich Schutz, alles andere, was ich zum Leben brauchte, hatte ich aus der Ebene mit hinaufnehmen müssen: Jemand, dem ich Fotos geschickt und von meinem Aufenthalt berichtet hatte, fragte mich, ob man dort dauerhaft leben könne. Nein, kann man nicht. Nicht wegen der Ausgesetztheit oder des möglichen Wahnsinns, sondern weil man sich nicht versorgen kann, nichts anbauen, nichts ernten. Nein, die Nabelschnur, die einen dort oben am Leben erhält, kommt aus dem Tal. Die Berge sind nicht unsere Welt, und genau daher stammt die Faszination. Das Bergland, von den Gipfeln ganz zu schweigen, gehört zu einer Sphäre, die den Menschen ausschließt, ihm fremd und feindlich gegenübersteht. Wir gehören dort ebenso wenig hin wie in die Tiefen des Ozeans.

IN DAUERSCHLEIFE

19 Seit jenem Erlebnis in Marokko bin ich regelmäßig in den Bergen gewesen und habe schrittweise Erfahrungen gesammelt. Ich bin über Pässe gestiegen, tagelang auf Saumpfaden gewandert, zu Gletschern und Bergseen gegangen, habe einen ganzen Winter in einem georgischen Bergdorf verbracht. Meist bin ich allein draußen unterwegs gewesen und habe gelernt, mir zu vertrauen, auf meinen Rhythmus zu hören. Was ich vor der Hajla noch nie gemacht hatte, war, länger als nur ein paar Tage außerhalb der Zivilisation zu bleiben, weit weg von den Menschen und deren Kommunikation. Wobei man von Letzterer heutzutage nicht wirklich abgeschnitten ist, es sei denn, man zertrümmert sein Mobiltelefon. Und natürlich war es an der Hajla beruhigend zu wissen, jederzeit Kontakt aufnehmen zu können, wenngleich ich das selten tat. Auch das Chaos der Welt, das über die Nachrichtenseiten zu mir hochschwappte, hatte gewissermaßen etwas Beruhigen-

des, die Welt unter den Wolken drehte sich weiter, und sie tat
es ohne mich. Das Einzige, was an der Hajla Neuigkeitswert
hatte, waren die Wildwechsel und das Wetter. Der Rest bestand aus Anpassung und Wiederholung.

. . .

Die Dunkelheit legte sich über die Alm, über meine Alm, und
es wurde Heiligabend, der so heilig sein würde wie die vorhergehenden und die folgenden auch. »Jetzt bist du auf 2000 Metern«, dachte ich, »aber eine weiße Weihnacht ist es nicht wirklich.« Doch ich täuschte mich, denn über Nacht kam der
Schnee zurück, die Phase des Lichts, der tiefen Blautöne und
des überbordenden Sternenhimmels ging zu Ende. Am ersten
Weihnachtsfeiertag stand ich vor der Hütte und betrachtete
die weiße Bescherung: Der Holzplatz war zugeschneit und
musste freigeschaufelt werden, der Besen reichte nicht mehr
aus. Keinen Tag zu früh, keinen zu spät war ich auf die Hajla
gestiegen, jetzt, kaum achtundvierzig Stunden später, führte
kein Weg mehr hinauf. Dicke Schneeflocken segelten zur
Erde, der Himmel war stahlgrau, undurchdringlich und sehr,
sehr nah. Die Hajla war im Nebel verschwunden.

. . .

Fatos hatte sich wegen Weihnachten gemeldet, erst Stunden
später sah ich die Nachricht: »Schau unter den Treppenabsatz,
beim Werkzeug, da ist ein Karton. Prost!«

Unter dem Treppenabsatz war tatsächlich ein Karton, eine einzeln und mondän verpackte Flasche kosovarischen Weins. Ich sagte mir:»Nein, die öffne ich nicht! Mit der warte ich, bis Fatos da ist, sind ja nur noch ein paar Tage.« Aber schon wenige Stunden später, bald nachdem es dunkel geworden und ich vom Generator zurückgekommen war, wurde ich schwach:»Wenn er doch Prost sagt, dann mach ihn halt auf!« Weingläser gab es natürlich keine, aber ein Wasserglas tat es auch, obwohl ein gereifter Cabernet Sauvignon durchaus ein seriöses Glas verdient hätte. Die wenigsten Kosovaren, die ich kenne, verzichten aus religiösen Gründen auf Alkohol, eher verhält es sich genau andersherum. Dass das Kosovo muslimisch geprägt ist, davon künden die Minarette und der Gebetsruf, im Alltag jedoch merkt man davon kaum etwas. Ich leerte die Flasche noch am selben Abend, und sie zeitigte nach Wochen der Abstinenz eine entsprechende Wirkung: Ich wurde ganz beschwingt und hörte Musik, Billie Eilishs *Ilomilo* in Dauerschleife.

• • •

Was sich anderntags bitter rächte, denn die Zeilen des Songs hatten sich tief eingegraben. *Told you not to worry, but maybe that's a lie.* Ich wiederholte sie ständig. *The world is a little blurry, but maybe it's my eyes.* Sie kreisten in meinem Kopf, und ich fühlte mich dumpf, das Echo des Lieds, das mich tags zuvor feiern ließ, klang auf einmal schal. *Remember not to get too close to stars, they're never gonna give you love.* Bis zu diesem Zeitpunkt hatte ich vollständig auf das Musikhören verzichtet, das war einfach so gekommen, ich hatte kein Bedürfnis danach gehabt. Auch das kleine, batteriebetriebene Radio, das Fatos stets hatte laufen lassen, schaltete ich nie ein. Nicht nur, weil ich die Batterien schonen wollte, sondern auch, weil ich keine Lust hatte, Popklassiker am laufenden Band zu hören und zur vollen Stunde Fallzahlen in slawischer Sprache vermeldet zu bekommen. Deshalb hatten Billie Eilishs Zeilen ein so großes Echo. Sie verfolgten mich durch den Tag und sogar darüber hinaus, damit fanden gewissermaßen der Alarmzustand, die Sorgen und Nöte der Ebene zurück in meinen Kopf. Es dauerte, bis ich *Ilomilo* wieder loswurde. Ich habe mal irgendwo gelesen, dass die Grundlage von dessen treibendem Rhythmus das klackernde Geräusch australischer Fußgängerampeln sei. Es ist verheerend, solcherlei im Kopf zu haben, wenn man lediglich eine Lichtung überquert und nicht eine belebte Großstadtkreuzung. Mein privates Fest hatte mir den Rhythmus durcheinandergebracht, ich war erst gegen neun aus wirren Träumen erwacht und hatte mit Anlaufschwierigkeiten zu kämpfen. Ich brauchte, noch bevor es ans Holzhacken ging, dringend Kaffee, *the world is a little blurry,* und siehe da, in der Küche wurde ich fündig, kratzte ausreichend türkischen Mokka zusammen, um eine einigermaßen starke Portion auf dem Campingkocher aufzubrühen. Das half, aber es entzündete auch die Lust nach Zigaretten, was weniger hilfreich war. Gegen zehn war ich mit dem Holz fertig, hatte aber Schwierigkeiten, den Ofen zu entfachen, *but maybe it's my eyes,* denn vom Vortag war nichts mehr übrig, und die frisch gehackten Scheite waren feucht vom Tauwetter der vorhergehenden Tage. Ich behalf mir mit den Anzündern, *told you not to worry,* und brauchte drei oder vier davon, bis das Feuer zum Leben erweckt war. Es dauerte entsprechend, bis das Teewasser heiß und der Porridge gekocht war. Obwohl ich immer nur eine Handvoll Rosinen und Nüsse, *maybe that's a lie,* verwendet hatte, ging beides mittlerweile zur Neige – die Äpfel waren schon lange verbraucht. Um zwölf hatte ich gefrühstückt, und der halbe Tag war weg, als ich mich schließlich an den Computer setzte. *Remember not to get too close to stars.*

· · ·

Jeder kennt Tage, an denen es nichts wird, einfach nicht funktionieren will. Dann hilft auch kein Zwang, dann heißt es aufstehen, sich anderem zuwenden und die Arbeit später wiederaufnehmen. So erging es mir an jenem Tag, die Worte wollten einfach nicht fließen, und wenn sie es doch taten, dann klangen sie schräg und unwahr. Alles, was ich schrieb, starrte fremd zurück. Mein Sprachzentrum war im Phrasenmodus, es spuckte Versatzstücke aus, hundertmal Gehörtes, es produzierte Füllwörter am laufenden Band, streckte die Sätze wie ein Kokainzwischenhändler. Ich schrieb Stumpfsinn, konsterniert gab ich auf. Stattdessen räumte ich ein bisschen auf, sortierte die Lebensmittel neu, obwohl es nicht so viel zu sortieren gab. Dann setzte ich mich vor den Ofen, vor der Zeit, denn draußen war es noch hell. Das einzige Buch, das ich mitgebracht hatte – Maurice Herzogs Bericht von der Annapurna –, war schon lange ausgelesen, das Material über Mallorca zählte nicht. Ich zog nach oben, vor die Fenster der Galerie, aber auch das Schneetreiben hatte an Faszination verloren. Und ansonsten gab es ja nichts zu sehen, Schnee in der Luft, Schnee auf den Tannen, Schnee auf der Lichtung. Schnee, Schnee, Schnee. Aber wenigstens hatte ich es warm, wenigstens war es gemütlich. Im Süden Albaniens würde ich jetzt vermutlich erbärmlich frieren und Mühe haben, mit dem offenen Kamin gegen den nasskalten Tag anzukämpfen. Ungemütlich würde es sein, feucht und dreckig in dem alten Haus. Ich tat etwas, was ich seit meiner Abreise vermieden hatte, ich sah nach, wie das Wetter dort unten war: In allen drei Kästchen, die für heute, morgen und übermorgen standen, schien eine ungetrübte Sonne. Darunter wurden achtzehn Grad als tägliches Maximum und sechs Grad für die Nacht vermeldet. Der Winter war dort noch gar nicht angekommen. An der Hajla hingegen wurde es mit jedem Tag spürbar kälter. Das Schneetreiben ließ nicht nach, und der Berg blieb verschwunden.

. . .

Die Tage wurden zu zähem Kaugummi, alles Aroma war verbraucht, und es blieb nur noch Masse, die man hin- und herwälzte. Meine Welt war zu einer verwaschenen Schwarz-Weiß-Fotografie geworden, denn der Schnee hatte alle Farben gelöscht. In der kalten Luft lag kein Geruch, alles Geräusch wurde von den schweren Flocken gebunden, drei meiner fünf Sinne waren überflüssig geworden. Morgens vermied ich es, zu früh aufzustehen, blieb liegen, drehte mich noch mal um und sank in einen weiteren Traum, floh gewissermaßen hinein in diese sonderbare Parallelwelt, die die Fantasie bereithält. In der Kammer blieb es stockdunkel, denn das Oberlicht war inzwischen vollständig zugeschneit und ließ sich auch nicht mehr öffnen. Das Traumgeschehen hingegen fiel verblüffend lebendig aus. Es traten Menschen auf, die ich jahrelang nicht mehr gesehen hatte – an längst vergangenen Schauplätzen, im Dunkel von Berliner Straßen, auf Hinterhöfen und in labyrinthartigen Clubanlagen: Fetzen ferner Vergangenheit. Ich fuhr mit dem Fahrrad, einem Hollandrad, durch meine Heimatstadt, doch die gesamte Kreuzung wurde umgebaut, der Verkehr nach links umgelenkt, wo ich doch geradeaus weiterwollte, hinauf in die Holzgasse. Die wiederum war verkehrsberuhigt, indem man in der Mitte ein Asphaltband aufgebracht hatte, was mir ziemlich sinnlos erschien. Dass der gesamte Innenhof unseres Hauses eine andere Form angenommen hatte und einem Klosterhof ähnlich sah, davon nahm ich keine Notiz, ich war viel zu beschäftigt damit, dass die Nische, die für Fahrräder vorgesehen war, zu niedrig ausfiel. Ich beschwerte mich bei einem der Umstehenden. Manchmal wachte ich unvermittelt aus einem Traum aus, ganz so wie man einen Film anhält, um auf Toilette zu gehen. Ich war kurzfristig ein wenig verwirrt ob der Intensität des Traumgeschehens, das im Vergleich zum gleichmäßig grauen Anstrich des Tages und dessen absoluter Ruhe unverhältnismäßig laut und wirr schien. Es war unangenehm, ich versuchte, den Traum abzuschütteln, während ich hinunterging, in den eiskalten Vorraum trat, um die nicht minder eiskalte Toilette aufzusuchen. Fast schien es, als wäre der Tag die Ruhephase und die lange Nacht die Zeit der Unternehmungen. Die tägliche Routine erledigte ich verspätet und mit Unlust, schlug kraftlos ein paar Scheite, nur um schnell festzustellen, dass die Handschuhe schon durchnässt und die Finger kalt geworden waren, und deshalb aufzugeben. Zudem musste jeden Tag der Holzplatz vom Schnee befreit werden, die Wege räumte ich nicht, ich hielt sie frei, indem ich sie ging. Akribisch setzte ich meine Schritte so, dass mit dem Gang zum Generator auch der Weg wieder erschien. Die Arbeit vertagte ich auf den Nachmittag, vormittags saß ich am 3G-Fenster und las Nachrichten, ich hatte das Mobiltelefon an den Computer angeschlossen, um auf diese Weise Internet auf dem großen Bildschirm empfangen zu können. Nach der langen Zeit hatte ich es mir verdient, ein, zwei Akkuladungen für ein bisschen Information auszugeben, sagte ich mir. Den wackeligen Empfang konterte ich durch Verrenkungen, und wenn er zu schlecht wurde, dann ließ ich es nicht einfach sein, ich insistierte auf meinem Medienkonsum, stellte mich auf den Stuhl, balancierte den Laptop in der einen Hand, das Mobiltelefon in der ausgestreckten anderen, ich kämpfte um Empfang. Mühsam suchte ich auf den verschiedensten Seiten etwas, das mich interessierte, irgendeine längere Reportage oder auch Pandemienachrichten aus Israel, Brasilien oder Schweden. Ich stellte eine Art Grundlärm her, fütterte das Monster im Kopf mit Ablenkung. Ein Voyeurismus, der sich hauptsächlich aus dem Glauben speist, es gäbe etwas zu beobachten, der sich Teilhabe am Weltgeschehen vormacht, wo es doch nur um Konsum ging. Mein Verhalten war das perfekte Beispiel dafür, ich suchte auf Teufel komm raus Abwechslung, wie jeder Büroangestellte floh ich bei nächster Gelegenheit in irgendein Gespinst, fragte das Internet ab, ob dort nicht auf irgendeiner Seite etwas für mich bereitlag, ein Artikel, ein Like, eine Zuwendung. Es hatte etwas Verzweifeltes, wie ich da saß und nach etwas suchte, weil es doch etwas geben musste, was sich zu suchen lohnte. Das Internet aber war unendlich, überall konnte sich Lohnendes verstecken. Ich klebte oben am Fenster, mühte mich weiter um 3G und stieß auf nichts, stieß auf eine farbenfrohe, hohle Welt des Nichtssagenden. Da konnte ich noch so oft Nachrichtenseiten aktualisieren, es kam nichts – und ich las es trotzdem. Ich verhielt mich wie ein Goldschürfer irgendwo am Klondike, der immer weitermacht, weil er weitermachen muss, weil er nicht mit leeren Händen nach Hause will und vor allem weil er sich selbst nicht eingestehen mag, dass seine Hände leer bleiben werden, egal wie lange er weiterschürft.

Auf Facebook stieg ich meinen Freunden nach, die in alle Richtungen ausgeschwärmt waren, um mit was weiß ich um die Ecke zu kommen, um ihren Anteil in die Welt zu plärren. Die einen verlangten Lockdown total, die anderen erklärten, es sei Virenzeit, alles kein Wunder. Die Politik gab sich je nach rhetorischer Begabung den Anschein des Machers, lief aber in Wirklichkeit immer hinterher. Eine Naturkatastrophe, auch wenn sie in Zeitlupe abläuft, hält man nicht auf, die fängt man nicht ein, die läuft. Der Blick ins Internet war der in einen Hühnerstall, in den der Fuchs eingebrochen war. Apropos Fuchs: Wo war der denn eigentlich? Winterruhe? Nichts hatte ich mehr von ihm gesehen seit dem Einbruch, auch keine Fährte im frischen Schnee. Der konnte doch mit dem bisschen Gemüse nicht ausgesorgt haben?

...

Die Disziplin, die ich bisher an den Tag gelegt hatte, war in Unordnung geraten. Aufgrund der intensiven Nutzung von Telefon und Computer erlaubte ich mir zwei Tage in Folge, den Generator zweimal täglich anzuschmeißen. Damit brauchte ich nicht nur den Tank auf, sondern leerte auch den Kanister. Erst dann, also im letzten Moment, ging ich in den Wald, um den Vorrat zu holen, den Fatos versteckt hatte. Überhaupt dort hinzukommen, war erstaunlich mühsam, obwohl es sich nur um wenige hundert Meter handelte. Die richtige Tanne machte ich schnell aus, nur war darunter kein Kanister zu sehen, zu hoch lag der Schnee. Ich hatte die Schaufel nicht mitgenommen und begann daher zu graben, jedoch an der falschen Stelle. Leichte Panik befiel mich, ich brauchte Benzin! Benzin rann durch das Haus wie Blut durch meine Adern, ohne Benzin kein Strom, kein Licht, ohne Strom keine Arbeit und kein Netz, ohne Arbeit nichts zu tun. Ich wühlte im Schnee wie ein Hund, grub unkoordiniert, bis ich schließlich doch auf den Griff des Kanisters stieß, viel tiefer als gedacht. Er ließ sich zunächst nicht bewegen, saß fest wie ein

Frachter im Packeis. Ich zerrte und zog, musste jedoch einsehen, dass ich ihn erst freilegen musste, bevor ich daran denken konnte, ihn zu bewegen. Schließlich gab er nach und ließ sich aus dem Eis befreien. Als das geschafft war, musste ich ihn zurück zum Haus schleifen. Zwei Schritte, dann den Kanister nach vorne hieven, absetzen, wieder zwei Schritte, wieder der Kanister. Es zog sich, es war mühsam, und ich kam mir vor wie der letzte Idiot.

Es war der einsamste und beschissenste Moment der gesamten Zeit an der Hajla.

TRAINS OF THOUGHT

20 Im Nachhinein kann ich mein Verhalten verstehen und interpretieren. Etwas war mit mir passiert, nachdem ich auf dem Berg war, nachdem ich mein Ziel erreicht und mir damit eine Daseinsberechtigung gegeben hatte. Danach waren Hütte und Lichtung nur noch ein Bühnenbild für den Tanz in meinem Kopf. Ein paar Dämonen spielten ihr Spiel mit mir, ich produzierte sozusagen einen Aufstand gegen das Einerlei. Zu allem Überfluss machte die Solarbatterie eines Abends schlapp, sodass ich vollends im Dunkeln saß, sobald der Generator ausgeschaltet war. Ich saß entweder vor dem Ofen oder in der Galerie, schaute in die Flammen oder in das Nichts und sah meine Gedanken kommen und gehen – stundenlang, bis weit in die Nacht, denn ich wurde mangels Beschäftigung abends nicht mehr müde. Es war wohl an der Zeit hinunterzugehen, dachte ich, der Aufenthalt an der Hajla hatte sich totgelaufen und war unversehens in wenig ange-

nehmes Fahrwasser geraten. Schon um die Produktivität aufrechtzuerhalten, schien mir ein Ortswechsel angebracht. Fatos würde doch die Schneeschuhe nicht vergessen, oder? Ob er wohl Zigaretten und Raki mitbrachte, wie versprochen, oder sollte ich ihn vorsichtshalber noch mal daran erinnern? Was waren das überhaupt für Polen und wie viele? Die kamen wohl nur zum Partymachen, das waren keine Alpinisten? Wann konnte ich nach Albanien zurück? Mitte Februar würde es wohl werden. Und bis dahin? Nach Mazedonien? Über Ohrid zurück in den Süden? Oder über Prizren, um Edis wiederzusehen? Vielleicht würden wir die Tourenskier nehmen und ins Sharri-Gebirge gehen, nach Brezovica in das Skigebiet. Irgendwann müsste ich auf einen Sprung nach Franken zurückkehren, Freunde und Familie sehen und möglichst viel an Ausrüstung mitnehmen. Warum nur hatte ich den Leichttrucksack liegen gelassen, den würde ich für die Sommertouren brauchen. Wie waren eigentlich die Infektionszahlen in Georgien, ob ich im Sommer dorthin zurückkehren könnte? Ein, zwei Monate den Kaukasus durchwandern, über die Pässe von Tal zu Tal: Ich floh aus den Bergen, in denen ich war, in entfernte Berge, ich ging in Gedanken nach Georgien, wanderte dort durch den Sommer und dachte mir Etappen durch das Hochland aus. Mehr noch: Ich nahm das Mobiltelefon, setzte mich erneut vor das Fenster und begann, Flüge zu suchen, ab Juni. Bald jedoch wurde mir klar, dass ich noch nicht einmal wusste, von welchem Ausgangspunkt aus.

· · ·

Ich ließ das Telefon sinken, und wie eine Zwiebelschicht fiel die gesamte gedankliche Anstrengung von mir ab. Was zum Teufel tat ich da? Ich beamte mich weg, verlor mich in irgendwelchen Plänen, um mich von der Gegenwart abzulenken. Ich suchte Zerstreuung und fand sie, indem ich willenlos diesem oder jenem Einfall folgte. War ich nicht an genau dem Ort, an dem ich sein wollte? Und jetzt hielt ich ihn nicht mehr aus, floh in Fantasien über die Zukunft, so wie ich mir wenige Wochen zuvor das Hüttenleben an der Hajla ausgemalt hatte. In den Fantasien war ich jeweils ganz bei mir, eins mit Umständen und Umgebung, die Realität hingegen war eine andere, in der Realität war ich uneins. Ich hatte von der Wildnis der Hajla erwartet, dass ich in die Ruhe schlüpfen könnte wie in einen Handschuh. Nur war das Gegenteil der Fall, die Ruhe hatte mich unruhig gemacht, die fehlende Ablenkung nervös. Im Tal hatte ich mir vorgestellt, was ich dort oben alles anstellen würde, ich hatte mich nicht gefragt, was die Berge mit mir anstellen würden. Und jetzt fühlte ich mich aufgeschüttelt wie Sediment, das Tage brauchte, um sich zu setzen. Wie dumm zu glauben, dass man dort zur Ruhe käme, wo diese einen umspült – als würde die Natur auf einen abfärben! Was für ein großer Irrtum, dass man die Ruhe einschalten könnte wie einen Fernseher, der Dokus über winterliche Wildnis in Dauerschleife zeigte. Nein, ich saß der Natur nicht gegenüber, ich war mitten in ihr und trug meine eigene Natur immer mit mir.

Neben Nachrichtenkonsum und dem Spekulieren über die nahe und fernere Zukunft hatte ich in Gedanken Orte, Menschen und Situationen aus der Vergangenheit besucht, Szenen durchgespielt, Reue, Scham, Schönheit und die Liebe besichtigt, auch die vergebliche. Meine Gedanken waren wie ein Pendel, das von der Vergangenheit in die Zukunft schwang, sie waren das Stöckchen, ich der Hund, der besinnungslos apportierte. Das war meine Natur: Ob auf dem Berg, in der Wüste, der Großstadt oder am Meer – überall würde ich dies tun und nichts anderes, ich würde jeden Ort fliehen, indem ich mich zerstreute und windigen Gedanken hinterherhechelte, selbst dann, wenn draußen die Tannen nichts anderes taten, als zu stehen, sich unter der Schneelast zu biegen und die Äste anzulegen, so lange, bis der Schnee es übertrieben hatte und von selbst losließ.

. . .

Genau so hatten es meine Gedanken auch mit mir übertrieben. Ich spielte nicht mehr mit, ich beschloss, die inneren Prozesse zu beobachten. Sobald es aus irgendeiner Ecke losplapperte, sah ich nur noch zu, wunderte mich ein wenig, so wie man sich über die Einfälle eines Kindes wundert, aber ich interessierte mich nicht weiter dafür. Das Internet, diese Ablenkungs- und Gedankenmaschine, ließ ich aus und nahm mir ebenso eine Auszeit vom Computer und vom Schreiben. Ich tat nichts weiter, als den täglichen Routinen nachzugehen. Ich begann, eine Strichliste zu führen, ich notierte mir die Themen meiner Gedanken und wie häufig ich auf diese zurückkam. Es war erstaunlich, denn neue Themen kamen kaum dazu, ich rotierte um das Immergleiche. Zu Schlüssen kam ich nur beim Arbeiten, wenn ich nachdachte oder zusammensammelte und schrieb, dann ergab sich Neues. Der Lärm, dieser Chor in meinem Kopf, war absolut überflüssig. Durch das Beobachten und das Führen der Liste gelang es mir schließlich, einen Keil zwischen mich und den Chor zu treiben, ich spaltete mich von dessen Stimmen, Stimmungen und Einfällen ab, sie gehörten mir zwar, aber ich war nicht identisch mit ihnen. Wenn sie reden wollten, dann ließ ich sie reden – mir doch egal. Es zeigte sich, dass meine Gedanken von mir und meiner Aufmerksamkeit abhängig waren. Sobald ich diese versagte, schwiegen sie beleidigt. Indem es mir gelang, den Brennstoff zu verweigern, dämmte sich der Großbrand ein, flackerten nur noch hier und dort Flammen auf, die gleich darauf erloschen. Es war seltsam, aber jeder gedachte Gedanke wurde, anstatt in den nächsten zu münden und sich zu einem Gebirge an Überlegungen aufzutürmen, nun schnell zu den Akten gelegt.

Es war nichts anderes als eine Art Meditation. Über Meditation herrscht der verbreitete Irrglaube, innere Ruhe wäre dafür Voraussetzung. Das stimmt nicht, sie ist das Resultat. Ebenso wenig wahr ist es, dass man ein Kissen dafür braucht, eine Decke und einen ungestörten Platz. Jeder kann jederzeit meditieren, indem er beobachtet, was ist, was tatsächlich geschieht – was man fühlt und wie es sich anfühlt. Man kann den größten Wutausbruch haben – wenn es einem gelingt, die aufsteigende Hitze, die Wonne des verbalen Angriffs gleichzeitig zu beobachten, dann handelt es sich um Meditation. Das ist einfacher gesagt als getan, denn es muss einem erst mal einfallen, sich zu beobachten, während man Zeter und Mordio schreit. Es braucht eine gut trainierte Instanz dafür. Gewissermaßen war der gesamte Aufenthalt an der Hajla ein einziges Schweigeseminar, eine einzige große Meditation, die neben den Tätigkeiten auch die Untätigkeit, die Irrungen und das Aufbäumen umfasste. Zunächst war das ohne mein Zutun geschehen, hatte sich aus Umständen und Anforderungen so ergeben. In dem Moment aber, als mir die Sinnlosigkeit meiner Beschäftigungsversuche klar wurde, ich zum Beobachter meiner selbst wurde, begann ich, diese Verhaltensweisen infrage zu stellen und zu durchschauen. Wahrscheinlich handelte ich gar nicht so anders, als ich auch in der Ebene gehandelt hätte, nur wäre es dort nicht aufgefallen, es wäre normal gewesen und unterbrochen worden durch Gespräche, Begegnungen und andere Formen der Befriedigung, durch Einkäufe, Biertrinken, Rauchen, Filmschauen, Essen und so weiter. All dies war aber weggefallen, und so stand ich gewissermaßen nackt da, wandte meine verzweifelten Strategien auf eine Situation an, in der sie überflüssig waren oder selbst zum Problem wurden.

. . .

Die Wolkendecke wurde zusehends lichter, nur noch vereinzelte Flocken fielen. Die Hajla blieb jedoch verborgen, als ich wie jeden Morgen den Vorplatz vom Schnee befreite. Ich hatte mich gefangen und auch meinen Rhythmus wiedergefunden. Die Gedanken meldeten sich zwar wie fleißige Schüler, aber ich gab ihnen nicht das Wort, denn wir nahmen Unterricht im Schweigen. Die Wand der Tannen ringsum sah aus wie aus Lebkuchen, so perfekt saß der Zuckerguss. »Nun ruhen alle Wälder« schoss es mir durch den Kopf, und weiter:»Warte nur, bald ruhest auch du«…Aber Moment mal, das waren doch zwei verschiedene Dinge!»Still und starr liegt der See.«Inzwischen war mein Gedankenzirkus weitgehend versiegt, und an seine Stelle traten Versatzstücke: Mein Hirn hatte begonnen, allerhand alte Sachen hervorzukramen, manchmal kamen mir Liedfetzen in den Sinn, Popsongs, die ich einst auf Kassette aufgenommen hatte. Dann funkte es wieder Szenen oder Worte aus der jüngsten Vergangenheit, ein Satz von Fatos, Mentors Lachen. Kindheitsszenen kamen mir in den Sinn, nichts von Bedeutung, Marginales: Mit meiner Schwester und meiner Mutter am Hahnenkammsee im Ruderboot, und meine Mutter singt »Jetzt fahren wir übern See, übern See …«. Die Arbeit hatte ich wieder aufgenommen, stoisch saß ich vormittags und nachmittags vor dem Rechner und hatte Spaß an den kurzen Kapiteln über Olivenöl, die Tradition der Hausschlachtung auf Mallorca, die Unzahl der Feigenbäume. Silvester war in zwei Tagen, und ich hatte beschlossen, bis dahin so viel wie möglich zu erledigen. Ich schrieb über die Insel der Fülle und saß dabei auf einer des absoluten Mangels. Meine Vorräte waren zusammengeschmolzen, alles, was entfernt Luxus darstellte, wie Nüsse, Schokolade oder Kekse, hatte ich verzehrt, nur die Grundzutaten, Bohnen, Pasta, Haferflocken und Reis, waren geblieben. In der Küche hatte ich eine Packung lösliche Gemüsebrühe gefunden, die ich zum Kochen nutzte, um so etwas wie Geschmack zu erzeugen. Fatos würde kaum Vorräte mitbringen können, also schien es mir wahrscheinlich, dass ich anschließend mit ihm hinuntergehen würde. Ich hatte ihn gefragt, ob die Polen wirklich nur für einen einzigen Tag auf die Hütte wollten. Er hatte bejaht und ergänzt, dass er das auch nicht verstehe. Ich begann zu überdenken, was ich alles zu tun hätte, wann die Gruppe kommen würde, ob schon vormittags oder erst nachmittags. Einerseits freute ich mich auf Gesellschaft, auf Gelächter und Gespräche. Andererseits würde die Anwesenheit des Virus mit größerer Personenzahl wahrscheinlicher werden – und was, wenn es mich ein paar Tage später erwischte, wenn alle anderen schon wieder im Tal waren? Was, wenn ich auf 2000 Metern mit Fieber darniederliegen würde? Nein, ganz sicher ginge ich hinunter: In Peja würde ich das Manuskript komplettieren, gesegnet mit Internet und erweiterten Recherchemöglichkeiten, eine Woche lang Zivilisation genießen, den Rucksack mit Lebensmitteln vollpacken und dann mit Schneeschuhen wieder hinauf, das schwebte mir vor. Ich ging nach oben, setzte mich ans Fenster, suchte den Empfang und schrieb Fatos eine Nachricht mit der Frage, was vorzubereiten sei. Sicherlich die Küche heizen, eventuell die Hühnchen ausgraben und schon mal auftauen?

Wenig später bekam ich Antwort: »Nichts. Serbien hat die Grenze zugemacht, die Polen kommen nicht.«

• • •

Ich war nicht geschockt, ich nahm das so hin: Gut, dachte ich, dann halt nicht! Silvester würde also friedlich werden. Was soll's. Insgeheim war ich sogar ein wenig erleichtert, dass die Zeit nicht brutal unterbrochen wurde, wie es mit einem so

punktuellen Besuch unweigerlich geschehen wäre. Ich ließ
mich entspannt zurück in den Sessel sinken, ich würde einfach
weitermachen wie bislang, ohne Störung. Wenn aber niemand
zu mir hochstieg, dann würde ich wohl oder übel auf eigene
Faust absteigen müssen, allein um Vorräte aufzustocken. Das
hatte jedoch noch ein paar Tage Zeit, ich konnte auf gutes
Wetter warten und den Weg hinunter zumindest ein Stück
weit in Augenschein nehmen und präparieren. Fatos oder
Mentor würde ich mitteilen, wann ich absteigen würde, einer
von beiden würde sich sicherlich bereit erklären, in Pepaj mit
dem Auto auf mich zu warten. Trotz Schnee würde das irgendwie gehen, vorausgesetzt, ich nahm kaum Gepäck mit. Im
schlimmsten Fall wäre es höllenanstrengend, und ich müsste
gewissermaßen durch den Schnee schwimmen, aber da es ja
nur hinunterging, schien es mir möglich. Vielleicht konnte ich
mit Tannenzweigen, Draht und Schnur ja sogar so etwas wie
Schneeschuhe improvisieren.

DIESER EINE GROSSE TAG

21 Silvester habe ich schon häufiger ignoriert, selbst in der Großstadt. Zweimal war ich über Weihnachten und Silvester meditieren, aber immer waren die Feiertage präsent gewesen, hatten die Zeit strukturiert, in einzelne Teile verpackt, sodass man sie annehmen konnte und in Erinnerung behielt. Nicht so hier oben, hier gab es keine Zeit, oder jedenfalls nicht die Zeit der Menschen, hier gab es Phasen, und die waren das Werk von Wetter und Natur. Einzelne Tage behielt ich gar nicht erst in Erinnerung, sofort verschmolzen sie zu kompakteren Einheiten, zu gleichförmigen Abläufen. Wie viele Tage hatte ich unproduktiv in meiner privaten Dunkelheit gesessen, hatte mich in die Abgründe meiner Gedanken gestürzt? Waren es drei oder vier gewesen? Mir schien es wie ein einziger, entsetzlich langer, sinnloser, vergeudeter Tag. Und die Phase davor, die der Sonne und des Tauwetters, auch die schrumpfte auf zwei, vielleicht drei Tage zusammen, obschon

es sich mindestens um eine ganze Woche gehandelt haben musste. Übermächtig standen dazwischen jene Tage, an denen tatsächlich etwas geschehen war: die Ausflüge, der Überfall des Fuchses, der Berggang. Sonst waren nur die Wetterwechsel geblieben, die in das Einerlei der vergehenden Zeit fuhren: Wenn ich mich deutlich und detailreich just an den Silvestertag erinnern kann, dann aufgrund der Klarheit, die dieser mit sich brachte, aufgrund der neuen Phase, die mit dem Silvestermorgen hereinbrach.

Noch nachts war der volle Mond erschienen, der Wind hatte Wolkenfetzen in Richtung Hajla gejagt, die Sterne waren herausgekommen. Frühmorgens öffnete sich ein Fenster in die blau leuchtende Umgebung, ein paar letzte Wolken hatten sich nach oben an die Hajla verlagert und umwehten nur noch deren Gipfel. Der Berg war wieder erschienen. Dann kam die Sonne, schnitt schräg durch die Wildnis, riss lange Schatten und verwandelte die Blautöne in strahlendes, glitzerndes Weiß. Die Vögel schwiegen vor Kälte, der Wind war erstorben, Ruhe war keine Beschreibung, die Abwesenheit jeden Geräuschs war so total, dass man nur noch sein Blut in den Ohren zirkulieren hörte und der eigene Atem das Einzige war, was die Molekülketten der Luft vibrieren ließ. Alles stand an seinem Ort, schien in müheloser Ordnung sich selbst zu genügen, in ewiger Veränderung begriffen und doch gleichbleibend, Felsen, Tannen und Berggrat. Ich stand gebannt dort draußen, knietief im Schnee, die Kälte floss durch mich hindurch, die Konturen ringsum waren mit großer Präzision in den Himmel gezeichnet. Mein ganzes Wesen verstummte, ich badete in den Elementen: als würde die Natur die Arme öffnen, mich einlassen, als wäre ich nicht mehr fremd, sondern ein Teil von allem und damit alles zugleich. Jegliche innere Stimme, jeder Gedanke war erloschen. Es war kalt, ich spürte die Kälte, aber mir *war* nicht kalt. Das ist ein entscheidender Unterschied, denn die ganze Kaskade an Gedanken, die sich hätte ergießen können, vom Beklagen des schlechten Materials über das Schimpfen auf meine eigene Dummheit, weil ich erneut mit den Clogs rausgelaufen war, bis zum Bestreben, alsbald wieder nach drinnen zu gehen, blieb aus. Es war kalt, ich spürte die Kälte, und das war es. Ich spürte die Kälte so sehr, dass ich sie beobachten konnte, wie sie über das Gesicht strich, an den Ohren Halt fand, wie sich die Nasenspitze einkühlte. Ich war kein Menschlein mehr, gefangen im Räderwerk seiner Launen, sondern ein denkendes Tier auf einer Lichtung, verbunden mit allem, was lebt. Die Natur schien wie ein einziger großer Organismus, der sich überall im gleichen Tempo fortbewegte, den gleichen Gesetzen gehorchte, dieselben Mechanismen vollzog, und ich bewegte mich in ihm und mit ihm mit. Ich war leer, so leer, dass mir die Fußsohlen offen schienen, die Luft durch mich hindurchzog und Sonnenstrahlen durch meinen Kopf fuhren. Etwas war leise implodiert, weggewischt, aus dem Weg geschafft: Es war eine Art Tod, alles, was ich geglaubt hatte zu sein, war verbraucht, hatte sich ermüdet, nichts war schließlich übrig geblieben außer dem Koordinatennetz des Körpers und der Sinne. Und es war eine Art Geburt, ein erstauntes Auf-die-Welt-Kommen, nicht als Säugling, sondern als erwachsener Mensch, der schon hundertmal über diese Lichtung gegangen war und nun doch zum ersten Mal dort stand. Ich blieb stehen, sah die Schatten langsam über die Hajla wandern, das Zentralgestirn auf seiner Bahn in meinem Rücken. Ich ging in der Umgebung auf, nichts war fremd und nichts zu fürchten, nichts rechtfertigte irgendeinen Alarmzustand, es gab keine Gefahr, vor der es zu fliehen galt, nicht in das Tal und nicht in das Internet oder in Vorstellung und Erwartung. Die Gegenwart war total, sie folgte keiner Richtung, sondern wuchs in Wellen über mich hinaus, korrespondierte mit dem Blau der Atmosphäre und dem undurchdringlichen All. Ich stand auf dem Planeten Erde, bewegte mich um wenige Meter, ging in die Lichtung hinein wie in einen Ozean, während der Planet mit 220 Kilometern pro Sekunde durch den Raum schoss und sich dabei um die eigene Achse drehte. Vorsichtig machte ich einen weiteren Schritt in Richtung Berg, sank durch den frischen Schnee, trat auf die Schicht Eis, die sich darunter verbarg, und brach weiter ein. Ich zog den zweiten Fuß nach, das gleiche Spiel, dann stand ich wieder. Die Leere blieb, die Kälte und die Rotation des Planeten, ich fühlte sie nicht.

· · ·

Zwar sammelte ich mich anschließend wieder, kam zurück aus der Weite, in der ich mich verloren hatte, aber der gesamte Tag blieb ein magischer. Ich betrachtete die feine Maserung des Axtstiels, auf deren Unterseite sich gefrorene Tröpfchen gebildet hatten, ich fühlte das grobe Eisen. Ich nahm die Rollen,

wischte den Schnee von den Jahresringen und überschlug das
Alter. Ich fand die Linien und hob die Axt. Das Feuer im Ofen
war nicht nur Quelle der Wärme, sondern einer Symphonie
aus Zischen, Knacken und Fauchen, die den ganzen Raum
erfüllte, und ich hörte jeden einzelnen Ton. Dann der Tee, der
von innen wärmte, hinunterrann und vom Magen aus aus-
strahlte, die Haferflocken mit heißem Wasser. Alles, aber auch
alles – das Schneideblatt, das Hartholz des Schaftes, die fer-
mentierten Teeblätter, den getrockneten und gepressten Ha-
fer – hatte jemand anderes gefertigt, mir bereitgestellt, und
ich nutzte es wie selbstverständlich. Von den Holzrollen und
der Hütte selbst ganz zu schweigen. Da war das Wasser, das
der Berg gab, das eiskalt aus dem Hahn kam, wann immer ich
ihn aufdrehte. Die Baumstämme, die die Hütte bildeten und
mein Überleben sicherten. Meine Schuhe aus Leder, die Woll-
unterwäsche vom Markt, die Tweedjacke, die im Mobiltelefon
und im Computer verbauten Seltenen Erden, die emaillierte
Blechtasse, aus der ich täglich trank, das Geschirr aus ge-
branntem Ton, der Kochlöffel aus Holz: Alles war Material,
der Erde entnommen und für den Gebrauch geformt. Ich entdeckte Details der Hütte, ein besonders feines Astloch in der
Schalung, Nägel an den Balken, wohl für Vorräte gedacht, die
ich, so kam es mir zumindest vor, minutenlang fixierte, und ich
war so eingenommen von der Welt um mich herum, dass kein
Platz für Ablenkung außerhalb des Unmittelbaren blieb. Weder öffnete ich den Computer noch stellte ich das Solarlicht
nach draußen noch warf ich einen Blick auf das Mobiltelefon.
Ich war schlicht zu beschäftigt, zu gebunden an das, was wirk-

lich geschah, als dass ich mich davon hätte lösen können. Normalerweise wäre jetzt irgendetwas passiert, ein Telefonanruf, eine Stimme von der Straße, eine Nachricht, sodass man diesen Zustand als Tagtraum hätte abtun können. Da aber, wo ich war, geschah absolut nichts, allein das Licht schritt unweigerlich fort, wanderte mit jeder Sekunde weiter über den Berg. Das war alles, da war nur dieser eine große Tag.

EINE ART ANKOMMEN

22 Natürlich war dieser Zustand nicht von Dauer, schon im Verlauf des Nachmittags hatte er sich relativiert: Ich war sozusagen wieder bei mir, machte dort weiter, wo ich aufgehört hatte. Allerdings war es mir abends, im allerschönsten Untergang der Sonne, nicht mehr möglich, von der gleichgültigen Natur zu denken, vom kalten Weltall. Das war ein massiver Irrtum: Die Natur ist nur insofern gleichgültig, als sie alle ihre Kinder gleichermaßen liebt, keines befördert, so wie sie auch kein Samenkorn einer bestimmten Pflanze vorzieht, sondern vielmehr alle gleichermaßen zu Wachstum befähigt. Auch kam es mir nun äußerst überheblich vor, jemals gedacht zu haben, ich sei *allein* hier oben am Berg. Kein Mensch ist jemals isoliert, einsam vielleicht, aber so wirklich, richtig allein dann doch nicht. Vielleicht mit den Gedanken, weil diese niemanden finden und deshalb von der Gummiwand der Zelle zurückprallen – was echt unangenehm sein kann. Aber wenn

Ablenkungsmanöver fehlgehen, bedeutet das noch lange nicht Isolation. Die Stadt und die Menschen sind nicht gleichgültig, die antworten, wenn du deine Allüren ausspielst, Galle spuckst oder Radfahrer anblaffst. Die Natur jedoch, in der du bist und die du bist, die redet nicht mit dir. Der ist es egal, was du denkst. Die will nur wissen, was du tust.

Mir war klar, dass alles, was ich während dieser ganzen Zeit zuvor gedacht hatte, ohne Belang war. Meine Einschätzungen, meine Hochrechnungen, meine Pläne – nichts davon war aufgegangen, alles hatte sich im Angesicht der übermächtigen Natur in das zurückverwandelt, was es war: bloßes Spiel, reine Hybris. Mir ging es wie den Tannen, auch ich war den Gezeiten des Wetters ausgesetzt, zog mich zusammen und dehnte mich wieder aus, je nach den Umständen. Was ich jedoch davon hielt, was ich wollte oder mir wünschte, ausmalte oder beklagte – es war bedeutungslos, es stand nicht in Bezug zu dieser Welt. Trotzdem fühlte ich mich weder unbedeutend noch ohnmächtig. Ich fühlte mich in der Weite und der Macht dieser Berge aufgehoben. Nichts hatte ich ihnen entgegenzusetzen, alles hing von ihnen ab. Ich war niemand mehr und alles zugleich, denn es gab diese Grenze nicht mehr, die mich von der Umgebung trennte. Ich hatte vor Wochen einen Austausch begonnen, in dessen Verlauf die dünne Membran zwischen innen und außen erst durchlässig geworden war, dann überflüssig. Will man nicht genau das, wenn man in die Natur geht? Ich hatte mich in die Wälder an der Hajla begeben, um alles Überflüssige abzustreifen, um allein zu sein mit der Natur und dem Leben selbst gegenüberzustehen – dem Leben als das, was übrig bleibt, wenn für Fluchten kein Weg mehr ist und für die kleinen Lügen kein Platz. Dann erst war ich wirklich *in* der Natur angekommen, es hatte Wochen gedauert. Oder war das der beginnende Wahnsinn, von dem Fatos gesprochen hatte? Ich machte mir keine Sorgen, ganz im Gegenteil, ich genoss den strahlenden Neujahrstag und nahm das ganze Spektakel aus Licht und Schnee an wie eine Neugeburt. Der Fuchs beziehungsweise dessen Fährte war wieder aufgetaucht, und ich beschloss, ihm Bohnen abzugeben, falls er die mochte. Mehr hatte ich nicht zu bieten. Die Arbeit nahm ich wieder auf, und ich merkte, dass ich gelöster vor dem Computer saß, dass sich meine Muskulatur gelockert hatte.

• • •

Es war während der Arbeit, einen Tag später, als ich begann, Stimmen zu hören. Erst undeutlich und fern, dann aber näher. Immer noch zu undeutlich, um etwas zu verstehen. Und es war mehr als eine Stimme. Was war das denn jetzt? Ich verharrte ein paar Sekunden, fuhr dann herum und sah durch das Fenster, zehn, fünfzehn Meter vor der Hütte, drei Jugendliche knietief im Schnee stehen und Fotos mit dem Mobiltelefon machen – Selfies mit der Hütte im Hintergrund. Der Ofen war an, es rauchte aus dem Schornstein, sie mussten gesehen haben, dass jemand zu Hause war. Ich ging hinaus, um sie zu begrüßen, und erfuhr, dass sie Fatos kannten und nicht von Pepaj aus, sondern von der Schäfersiedlung hochgestiegen waren.

»Aber da ist doch keiner?«

»Stimmt, nur wir.«

Sie hatten für die Nacht Quartier genommen, um die Natur zu genießen. Ob es nicht wunderschön sei? Man habe sie so weit wie möglich hochgefahren, bis ungefähr dort, wo Fatos' Privatweg abzweigt, den Rest seien sie gelaufen.

»Wie das denn?«

»Immer einer vorneweg, dann Wechsel.«

Ihre Eltern würden sie anderntags wieder abholen, nur würde der Generator nicht anspringen, und sie wüssten nicht, ob die Mobiltelefone durchhalten würden. Ich bot an, sie bei mir aufzuladen. Entweder jetzt gleich, oder wenn die Geräte über Nacht aufgrund der Kälte zusammenbrachen, dann sollten sie einfach morgen wiederkommen, ich würde den Generator anschmeißen, »S'ka problem«. Sie standen ein wenig unbeholfen im Schnee herum und schienen unschlüssig, was zu tun sei.

»Wollt ihr reinkommen? Der Ofen ist an!«

Wollten sie nicht, auch nicht auf mehrmaliges Nachfragen. Wie konnte man sich *nicht* am Ofen aufwärmen wollen, bevor es durch den Schnee zurückging? Vielleicht war ich ihnen unheimlich, so wie ich da stand, im schäbigen Pullover, in verschmutzten Jogginghosen und mit leicht verwilderter Gesichtsbehaarung? Oder waren sie nur schüchtern?

Der eine erkundigte sich nach der Wasserversorgung der Hütte, oder zumindest verstand ich das so im ersten Anlauf.

»Ja klar! Haben wir, der Berg speist die Zisterne, von dort drückt das Wasser in die Leitungen.«

Dann erst verstand ich, er hatte indirekt um ein Glas Wasser gebeten.

»Wollt ihr etwas trinken? Ich hab heißen Tee auf dem Ofen!«

Sie wollten Wasser.

»Seid ihr sicher? Ich hab genug Tee da!«

Sie wollten wirklich nur Wasser, und sie wollten nicht nach drinnen kommen, also brachte ich ihnen drei Tassen eiskaltes Wasser nach draußen. In drei, vier Zügen waren sie geleert – ganz so wie Mentor das machte, der kippte auch Wasser nahe dem Gefrierpunkt, unglaublich! Ich würde keine vier Schritte durch die winterliche Wildnis machen, ohne zumindest eine Flasche Heißgetränk dabeizuhaben.

Bevor sie sich verabschiedeten, luden sie mich ein, sie noch am selben Tag in der Schäfersiedlung zu besuchen: einfach den Spuren folgen! Aber das geschah sicherlich aus Höflichkeit und war nicht ernst gemeint. Zudem hätte ich es zwar hinuntergeschafft, jedoch in der Dunkelheit nicht zurück. Ich sah die drei jenseits der planen Fläche um die Tannen in Richtung Siedlung abbiegen. Sie nahmen genau den gleichen Weg, den sie gekommen waren, und hinterließen eine wunderschöne Spur im Schnee, die ich anderntags nutzen könnte, um mir ein wenig die Beine zu vertreten.

Der kurze Besuch und der Wortwechsel hatten mich mitgenommen, ich fühlte die Töne der Worte nachvibrieren. Ich dachte jedem einzelnen Wort nach, hatte sie komplett memoriert – und die Begegnung, ja der Blick in menschliche Gesichter hatte die Stimmen geweckt, also die Gedanken, die jedes einzelne Detail gewichteten und beurteilten. Nur auf das Offensichtliche, auf das waren sie nicht gekommen, das fiel mir erst später ein: Ich hätte fragen können, ob die drei mich am nächsten Tag mitnehmen würden nach Peja, wo doch ihre Eltern sie abholen kämen. Ich wog ab, ob es das Risiko wert wäre, ihnen am nächsten Morgen bis hinunter in die Schäfersiedlung nachzusteigen. Den Weg kannte ich ja, und es gab die Spuren.

KEIN WEG MEHR, NIRGENDS

23 Doch die Spuren waren am nächsten Morgen nicht mehr da. Das lag daran, dass etwa dreißig Kilometer oberhalb von mir die Dinge in Bewegung geraten waren – wovon ich natürlich nichts wusste und was ich erst Wochen später einem Zeitungsartikel entnahm. Ich glaubte mich eins mit den Elementen und dem kleinen Radius meiner Welt und hatte schlicht keine Ahnung, welchen Kräften ich ausgesetzt war. Weit oben in der Stratosphäre waren die Verhältnisse aufgewühlt worden, ein plötzlicher Temperaturanstieg hatte den Polarwirbel zum Erliegen gebracht – jenen Luftstrom, der in normalen Jahren die polare Kaltluft im Kreis drehen lässt. Er war in den Anfangstagen des Januars 2021 zusammengebrochen, weshalb sich kalte Luftmassen über Europa ergossen, südwärts zogen und tiefer sanken, um sich mit den feuchten Luftschichten unmittelbar über dem Kontinent zu vereinigen. Der kondensierte Wasserdampf, den wir Wolken nennen, ge-

fror in kürzester Zeit zu Billionen an Kristallen. Zu schwer geworden, um sich in der Atmosphäre zu halten, fielen diese zur Erde. Ich stand vor der Hütte und starrte ungläubig hinauf in die weiße Pracht, versuchte einzelne der fetten, großen Schneeflocken zu verfolgen, doch das Gestöber war zu dicht. Die Lautlosigkeit des massiven Geschehens irritierte mich. Über Nacht hatte es mehr als einen halben Meter Neuschnee gegeben, und ich wunderte mich, dass ich das nicht mitbekommen hatte. Als ob man Schnee hören würde. Als ob die Flocken einem in den Schlaf und in die Träume fallen würden, sodass man nachts aufstünde, um nachzusehen, was draußen Großartiges vor sich geht. Nein, so lief das nicht, die Natur stellte mich vielmehr erneut vor vollendete Tatsachen: Das Feuerholz lag komplett begraben, der Holzplatz war ebenso unkenntlich wie der Pfad hinunter zum Generator. Die Spuren des Besuchs vom Vortag waren verschwunden. Unmöglich, unter diesen Bedingungen hinunterzugehen, zumal ich nicht wusste, ob und wo genau ich die drei antreffen würde. Lange stand ich nicht dort und staunte, denn es gab dringliche Arbeit. Ich nahm die kleine Schaufel und schuf mir Platz genug, um einen ersten Schwung Holz zu hacken. Anschließend watete ich durch den hüfthohen Schnee zum Generator. Er stand wohlbehalten im Schutz der hohen Tanne und ließ sich mit wenigen Handgriffen vom Schnee befreien und anschmeißen. Aber ich wusste, was dieser Schneefall zu bedeuten hatte, zumal es nicht so aussah, als wäre bald Schluss damit. Aus Neugierde versuchte ich, mir einen Pfad weiter hinunter zu bahnen, dort, wo wenige Wochen zuvor noch der Weg gewesen war, dessen genauer Verlauf sich nun nur Eingeweihten erschloss. Ich aber war kein Eingeweihter, ich war lediglich zwei Mal auf diesem Weg hinaufgekommen – und nur einmal zu Fuß. Ginge ich hinunter, wäre es nicht ausgeschlossen, dass ich mich zwischen den Tannen im Schneetreiben verirren würde. Ich machte dennoch einen Versuch, dachte, es könnte geschickt sein, wenigstens auf ein paar hundert Metern durch den Schnee zu spuren, sodass Fatos, sobald er käme, es leichter haben würde. Mit guten Schneeschuhen ist Fortbewegung im Tiefschnee möglich, aber auch damit sinkt man ein oder rutscht auf unebenem Grund ab, und jeder Schritt kostet Kraft. Auf der Talseite spannte sich die Schneedecke schräg über das, was einmal der Weg gewesen war, die Füße sanken erst tief in den frischen Schnee ein, stießen dann durch die harte Kruste der älteren, vereisten Schicht, brachen durch und steckten fest. Nur mit einer bedachten Drehung des Fußgelenks konnte das Bein hochgewuchtet werden, nach vorne gezogen, um gleich erneut hüfttief einzubrechen. Es war kein Fortkommen mehr. Vielleicht dreißig oder vierzig Meter schaffte ich, dann ließ ich es sein. Wie geplant hinunterzugehen, um Vorräte aufzustocken, war absolut unmöglich! Ich würde mit dem auskommen müssen, was ich hatte – so lange, bis Fatos hinaufsteigen und ein zweites Paar Schneeschuhe mitbringen würde, um mich zu holen. Ich war zum Ausharren verdammt, ich hatte keine Wahl. Ich blickte in die Richtung, in der Pepaj lag, ohne viel mehr zu sehen als die allernächsten Tannen, deren Äste sich unter der Schneelast bogen. Wohl deswegen waren Tannen die einzige Baumart, die es hier oben gab, sie allein waren auf die Bedingungen eingestellt, konnten es mit Tonnen an Schnee aufnehmen, ohne dass sie brachen. Tannen waren flexibel, deswegen überlebten sie hier. Ich kehrte um, erreichte den Generator und war von dort an bemüht, meine Schritte genau zwischen die vorhergehenden zu setzen, sodass in der weißen Wüste doch noch so etwas entstand wie ein Pfad. Ich dachte an die drei Jungs und hoffte, dass sie es wohlbehalten hinuntergeschafft hatten. Die Schäfersiedlung lag um einiges tiefer als meine Hütte, die Zufahrt war weniger steil, vielleicht hatte man sie holen können.

. . .

Ich schaffte die Scheite hinein, nicht ohne sie zuvor so gut es ging vom Schnee befreit zu haben. Ich weiß nicht, woran das liegt, aber an frisch gehacktem Holz pappt Schnee sofort an. Das alles hatte Zeit und Kraft gekostet, ich war lange draußen gewesen, und die Hände taten sich schwer, nach den Scheiten zu greifen, die kalten Finger schmerzten. Um nicht noch mehr Zeit zu verschwenden, nutzte ich ausnahmsweise die Anzünder, damit das Holz im Ofen schnell Feuer fing.

Dass sich mit dem Wetter meine Gesamtsituation leicht verändert hatte, beschäftigte mich jenseits der erforderlichen Aktionen nicht übermäßig. Ich dachte nicht mehr als nötig nach, ich fügte mich, ich nahm hin, was Wetter und Berg mir gaben, und bemühte mich um den Erhalt des Normalzustands. Alles andere war nicht mein Job. Mir war noch nicht einmal klar, dass die Anpassungsleistungen, die die folgenden Tage von mir verlangen würden, Voraussetzung für mein Überleben waren. Da war kein Raum für Dramatik oder heldenhafte Posen, es ging einzig und allein um pragmatisches Handeln, es ging darum, meinen Alltag den Umständen anzupassen – mit den Mitteln, die ich zur Verfügung hatte, und so flexibel wie die Tannen. Es ging um die Fortsetzung eines eingeschränkten, abgesehen von der Kulisse unspektakulären, langweiligen Alltags, der aus kurzen Tagen, kalten Nächten und wechselndem Wetter bestand. Ich war an der Hajla so sehr eingewöhnt, war eins mit den Abläufen und dem Organismus der Blockhütte – alle Handgriffe, alle Tätigkeiten saßen, sie vollzogen sich von selbst –, dass ich jetzt, angesichts des Eingeschneitwerdens, nicht dagegen aufbegehrte. An einem anderen Ort, zu einer anderen Zeit, wäre ich wahrscheinlich in Panik verfallen und hätte händeringend einen Ausweg gesucht. Wenn es aber einfach keinen gibt, dann bleibt gar nichts anderes übrig, als sein Einverständnis zu geben und sich einzurichten. Die Eintönigkeit würde sich nochmals steigern, aber solange die Hütte nicht unter der Schneelast zusammenbrach, gab es nichts zu befürchten. Ich sah auch ein, dass jedes Aufbegehren unweigerlich mit Risiken verbunden war, die sich als tödlich erweisen konnten. Stattdessen sichtete ich die Vorräte, rationierte die Haferflocken für das Frühstück und beschloss, von nun an nur noch einmal täglich warm zu essen. Dass Schwarztee und Zucker zur Neige gingen, war zugegebenermaßen ein schwerer Schlag, den ich jedoch dadurch ausglich, dass ich Tee mit getrockneten Kräutern und Gewürzen aus der Küche aufkochte. Dort lagerten überdies noch einige Packungen Nudeln und Reis, sodass ich in keinem Fall Hunger leiden musste. Deshalb stimmte es voll und ganz, als ich später auf Fatos' Nachfrage meldete, alles sei in Ordnung und ich nach wie vor versorgt. Man müsse sich keine Sorgen machen dort unten im Tal! Fatos stellte in Aussicht, dass er binnen einer Woche nach oben käme, sobald das Wetter es erlauben würde. Eine Woche schien mir kein Problem zu sein. Im Gegenteil, sieben Tage waren eine vergleichsweise kurze Zeitspanne, die schnell vorbeigehen würde. Alles kein Problem.

SCHNEE UND NOCHMALS
SCHNEE

24 So etwas hatte ich noch nicht erlebt! Das Schneetreiben setzte über mehrere Tage und Nächte nicht eine Minute lang aus. Die einzigen Variablen waren Dichte, Vehemenz und Richtung des Gestöbers. Dreimal am Tag musste ich hinaus, um den Pfad und den Holzplatz einigermaßen frei zu halten. Die Tannen schienen schwanger vor Schnee, die Zweige unter der weißen Last weit nach unten gebogen. Die jungen Tannen lagen fast vollständig verborgen, manche beugten sich bedenklich. Ein größeres Exemplar gab am dritten Tag der Last nach, sank in sich zusammen und würde nicht mehr aufstehen: Feuerholz für das folgende Jahr. Ich gab Fatos regelmäßig sowohl das Wetter als auch den Schneestand durch, lief jeweils ein paar Meter auf die Lichtung hinaus, um möglichst genaue Angaben machen zu können. Inzwischen stand eine Wand aus Schnee vor dem Holzplatz, ich hatte den

Bock um eine große Rolle erweitert, sodass nunmehr deren zwei übereinanderlagen, aber die untere war im festgetretenen Schnee schon kaum mehr sichtbar. Insgesamt lagen gut zwei Meter Schnee, in mehreren Schichten, die ich alle kannte. Fatos jedoch schien unbeeindruckt, gab mir lediglich zu verstehen, dass er sich von seiner Arbeit frei machen müsse, um zu kommen. Witterung und Schneebedingungen waren für ihn kein Grund, von seinem Plan Abstand zu nehmen. Ich glaubte, dass Fatos nur deswegen hinaufkommen wollte, um nach mir zu sehen. Ansonsten gab es schlicht keinen Grund, und Fatos ist jemand, der Dinge nicht zum Spaß macht. Draußen konnte man vor lauter Schneefall keine zehn Meter weit sehen, das gab ich ihm morgens durch. Er antwortete:»Fahre gerade los.«

. . .

Drei kleine Worte, die jedoch ein Mordstrigger waren: Sofort dachte ich an Raki, an Zigaretten und nicht zuletzt an Gespräche. Ich begann aufzuräumen, den Schnee aus dem Vorraum aufzuwischen, den die Holzscheite hereingetragen hatten, und die Hütte herzurichten. Doch ich wurde enttäuscht, denn zwei Stunden später kam die Nachricht:»Kann nicht kommen. Lawine.«

Schon kurz hinter dem Eingang ins Rugova-Tal war Schluss gewesen, eine Lawine war in die Schlucht gedonnert und hatte die Straße unpassierbar gemacht. Tage würden vergehen, bis sie freigeräumt wäre. Währenddessen würde die Straße nach Pepaj im Schnee versinken, sodass es weitere Tage brauchen würde, um auch diese wieder frei zu bekommen. Fatos vertagte den Aufstieg daher um eine weitere Woche. Am 15. Januar würde er hinaufkommen, das sei sicher. Aber ganz so sicher war ich mir dessen nicht mehr, denn das Schneetreiben hielt an, und der Wind frischte auf. Die Handschuhe waren eindeutig mein Schwachpunkt, denn wenige Minuten im Wind, und die Hände wurden kalt, ein paar weitere, und ich konnte die Axt kaum mehr halten. Daher ging ich das Holzhacken nun in Etappen an, versuchte zwischendrin, so gut wie möglich die Hände aufzuwärmen. Die strenge Witterung führte zu einer Art Logik der Dinge, das Material bestimmte darüber, was ich wann und wie lange tat. Das galt auch für Computer und Mobiltelefon. Deren Akkus machten über Nacht aufgrund der kälteren Innentemperaturen schlapp. Binnen Minuten erstarb der Laptop, obschon die Batterieanzeige noch voll war. In der Hoffnung, die Technik auf Temperatur zu halten, nahm ich sie mit ins Schlafzimmer und vergrub sie unter Decken. Als auch das nichts half, wechselte ich die Strategie: Erst brachte ich die Hütte auf Temperatur, dann schmiss ich vormittags schon den Generator an und lud alles so weit auf, dass Arbeiten möglich war.

Das hatte allerdings zur Folge, dass ich abends im Dunkeln saß, denn die Solarbatterie lag ebenfalls darnieder, und Chancen, sie aufzuladen, gab es keine. Obwohl es eigentlich naheliegend gewesen wäre, hatte ich überhaupt nicht daran gedacht, Kerzen mitzunehmen, und auf der Hütte waren auch keine vorrätig – Fatos ist kein Typ für Kerzen, Fatos ist Benzin. Auch an Internetnutzung war kaum noch zu denken, denn wenn ich mit dem Telefon auch nur in die Nähe des oberen Fensters kam, schmolz der Akku binnen weniger Minuten dahin. Der Preis für den Medienkonsum war zu hoch geworden, die Ökonomie der begrenzten Ressourcen gestattete ihn nicht mehr. Benzin war nicht mehr genug vorhanden, als dass ich es jeden Tag nach Belieben hätte verbrauchen können. Mindestens zwei Tanks voll galt es aufzuheben, denn die würden wir brauchen, sobald Fatos käme. Also saß ich abends stundenlang vor dem Ofen, ohne irgendetwas zu tun. Es gab auch keine Impulse mehr, etwas zu tun, denn da war ja nichts zu tun. Ich gab mich stattdessen der Zeit hin, der reinen vergehenden Zeit, und das fiel mir inzwischen viel leichter: Ich sank gewissermaßen in den Abend hinein, und es gab die Zeit nicht mehr, weil weder eine Uhr tickte noch ein Fernseher lief noch sonst irgendetwas passierte außer dem gelegentlichen Nachlegen eines Holzscheites. Irgendwann stand ich auf, ohne die Uhrzeit zu kennen oder zu wissen, wie lange ich da gesessen hatte, ich stand auf, weil ich gegähnt hatte oder weil meine Augenlider zufielen, und ging zu Bett.

STURM FEGT

25 Das Wetter kam einfach nicht zur Ruhe, nicht in dieser Höhe. Zwar ließ der Schneefall nach, aber dafür setzte Wind ein, mächtiger, böiger Wind, der über die Lichtung streifte, den Schnee verwirbelte und in die Tannen fuhr. Diese explodierten regelrecht, wie kleine Lawinen kam der Schnee von den Ästen und zerstob. Nie war es eine ganze Tanne, immer ein einzelner Ast, der sich der Fracht an lockerem Neuschnee entledigte, das aber geschah im Sekundentakt. Gleichzeitig schossen die Äste nach oben, schnellten zurück in ihre Ausgangsposition und schienen bereit, es mit neuem Schnee aufzunehmen.

Abends wurde der Wind wütender, fauchte um die Hütte und zerrte an den Balken. Drinnen wurde es wesentlich kälter, der Ofen konnte es mit der anrennenden Kälte nicht mehr aufnehmen. Auf dem Fensterglas waren Eisblumen gewach-

sen, und durch jede Ritze floss Polarluft. Das war der Zeitpunkt, um es mit der Sparsamkeit gut sein zu lassen, die Zuluft
des Ofens zu öffnen und entsprechend mehr Holz zu verfeu-
ern. In mehreren Etappen schleppte ich einen kleinen Berg
Feuerholz herein, sodass ich bis in den späten Abend hinein
heizen konnte, am nächsten Tag ausreichend Scheite übrig
hatte und noch Glut vorfand.

Ich wunderte mich nicht schlecht, als ich trotz dieser
Maßnahme das Geschirr und den Schwamm im Küchen-
waschbecken festgefroren vorfand und aus dem Hahn ein
mehrere Zentimeter langer Eiszapfen ragte. Was hatte Fatos
gesagt? Um die Küche müsse ich mir keine Sorgen machen,
dort brauchte ich nicht zu heizen. Es würde schon minus vier
Grad benötigen, damit die Leitungen einfroren – drinnen
wohlgemerkt. Nun, die Leitungen waren eingefroren, der
Wind hatte die Kälte in die Wände und in den Boden ge-
drückt, das gefrierende Wasser hatte sich ausgedehnt und war
erstarrt. Zum Glück jedoch nur in der Küche, nicht im angrenzenden Toilettenraum, sodass ich nach wie vor Wasser
zur Verfügung hatte und nicht zum Schmelzen des Schnees
übergehen musste.

Den Einfall, die Küche zu beheizen und dadurch die
Wasserleitungen aufzutauen, verwarf ich, das würde viel zu
lange dauern. Stattdessen erhitzte ich Wasser bis zum Sie-
depunkt auf dem Ofen, umschlang den Hahn mit Stofffetzen
und goss das Wasser darüber, bis der Eiszapfen geschmolzen
war und der Wasserhahn sich wieder bewegen ließ. Das
Problem jedoch lag tiefer, das Problem war die Zuleitung.

Ich bastelte mir eine Konstruktion aus Campingbrenner und Teekännchen, um genau unter dem Zulauf Wasser zu sieden, sodass der Wasserdampf das Eis schmolz. Es funktionierte: Wenig später kam ein dünnes Rinnsal aus dem Hahn, verstärkte sich zusehends, bis die Wasserversorgung wiederhergestellt war. Der Schwamm und das Geschirr lösten sich, der Abfluss war mit ein paar Schuss heißem Wasser einfach zu enteisen. Das beruhigte mich vor allem deswegen, weil das stehen gelassene Geschirr kein schöner Anblick war und ich es unbedingt wegräumen wollte, sollte es Fatos denn tatsächlich hinaufschaffen. Es herrschte Sturm, das Wasser war eingefroren – und mein wichtigster Gedanke galt dem dreckigen Geschirr, ich folgte offensichtlich einer ganz eigenen Logik.

. . .

Der Sturm war ebenfalls seiner eigenen Logik gefolgt und während der Nacht abgeebbt, sodass der Morgen einen klaren Tag versprach, dies aber gegen Mittag zurücknahm. Erst bildeten sich Wolken wie aus dem Nichts, dann kam der Wind zurück, der sich binnen weniger Stunden wieder zum Sturm auswuchs. Die Hütte schien das Einzige zu sein, was sich nicht bewegte, die Balken knackten, das Holz ächzte, während draußen die Böen den Schnee nach Gutdünken verteilten und die gesamte Winterlandschaft umformten. Den Generator hatte ich so gut wie möglich mit Wellblech abgedeckt, den Zugang zur Hütte hielt ich mit der Schaufel frei, davor jedoch begann sich eine Wand aufzutürmen, ein wegloses Meer aus Schnee und Eis, das der Wind aufschichtete und zu Schollen zusammenpresste. Die größte Wut entfesselte der Sturm abends in der Dunkelheit, es schien, als greife er nach der Hütte, um sie zu schütteln, an ihr zu ziehen, sich weiter umzuschauen, eine Runde zu drehen, um dann wiederzukommen und es erneut zu versuchen. Zwischendrin fauchten die Tannen wie wilde Katzen, dann war eine kurze Sekunde lang Stille, bevor der nächste tosende Anlauf folgte. Die Balken gaben Geräusche von sich, als würde jemand in unregelmäßigen Abständen die Tür zuschlagen. Das absonderlichste Geräusch aber machten die gletscherartigen Schneemassen auf dem Dach, die ihrerseits knackten und ganz sonderbar quietschten, so als würde Metall über Metall schaben – es hörte sich an wie ein unendlich verlangsamter Verkehrsunfall. Alles im und um das Haus herum arbeitete, verschob sich, wurde angegriffen, die Hütte stand knarrend, knackend, ächzend im Sturm.

Sollen sie mich doch verschlucken, diese Berge. Sie würden mich schon wieder hergeben, als Lawine ausspucken oder zu Geröll verdauen. Wann und in welchem Zustand auch immer, runter würde ich kommen. In der Hand hatte ich es nicht, mir blieb nur das Vertrauen in die Stabilität von Fatos' Konstruktion. Ich war wie gebannt von dieser Urkraft, die meine gesamte Welt umpflügte. So musste sich ein Seemann zwischen den Wellen und der Gischt fühlen, ich aber hatte den Vorteil, dass mein Schiff sich keinen Zentimeter bewegte – und mochten die Orkanböen noch so stark auftrumpfen! Was

wohl der Fuchs jetzt tat, wurde der nicht in seiner Höhle eben-
so eingeschneit oder sogar lebendig begraben? Was machen
Füchse im Sturm außer Ausharren und auf Besserung warten?
Was mich vom Fuchs unterschied, war nicht nur die ver-
gleichsweise stabile Blockhütte, sondern vor allem das Feuer.
Mir ging es doch gut.

• • •

Es war Donnerstag, der 14. Januar. Ich hatte die Tür zwischen
Ofenzimmer und Küche nachts offen gelassen, um zu verhindern, dass das Wasser erneut einfror. Draußen herrschte eine
trügerische Stille, die ich nutzte, um ausreichend Holz zu hacken, bevor der Wind wieder einsetzte. Es war bitterkalt, und
ich rechnete nicht wirklich damit, dass Fatos am folgenden
Tag hinaufsteigen würde, bereitete mich aber dennoch darauf
vor, indem ich begann, die gesamte Hütte zu säubern und
meine Sachen aufzuräumen. Viel war nicht zu tun, und so tat
ich das wenige akribisch und langsam – völlig unbeeindruckt
von den Gezeiten des Winds, der die Hütte erneut zu umspü-
len begann.

Meine Vorräte waren inzwischen so weit abgeschmolzen,
dass ich mich an die Nudelpackungen aus der Küche machte,
Gewürze in Öl anbriet und als Soße nutzte. Würde Fatos noch
länger auf sich warten lassen, dann blieben mir eine Handvoll
Bohnen, Pasta und noch zwei Packungen Reis. Die Haferflocken waren inzwischen alle, statt Tee gab es heißes Wasser mit
Paprikapulver. Die Großpackung Gemüsebrühe hatte sich als

ideal erwiesen, um eine klare Suppe zuzubereiten, die perfekt gegen die Kälte wirkte. Ich schrieb Fatos: »*Are you really coming tomorrow? Heavy wind!*«

Aber ich erhielt keine Antwort.

...

Es war nach Mitternacht, der Sturm hatte wieder nachgelassen, und ich war längst unter die Decken geglitten und eingedöst. Ich befand mich in jener Phase, in der nichts geschieht, während der man nicht mehr im wachen Zustand ist, aber auch noch nicht mit Träumen beschäftigt. Ich kann das so genau sagen, weil ich aus diesem Nichts hochschreckte, als plötzlich das Heulen einsetzte.

DAS SCHWERT SCHNEIDET DIE NACHT

26 Die Laute waren durchdringend, im wörtlichen Sinne. Die Schwingungen überwanden Wald wie Schnee, stiegen durch die vereinzelten Böen und über das Dach, um mir unmittelbar in den Körper zu fahren. Ich war kurz davor, einen knappen, lauten Schrei auszustoßen – wie ich ihn gewöhnlich auf halbwilde Hunde losschicke, die meinen, sie müssten sich mir in den Weg stellen. Ein Schrei, der klarmacht, wer hier der Boss ist. Doch er blieb mir in der Kehle stecken, ich hielt die Luft an, saß starr und aufrecht im Bett: Wölfe! Das Schwert Gottes durchfuhr die Nacht! Zwischendrin fauchte der Wind, dann aber war wieder deutlich das Heulen zu hören. Es war unmöglich zu bestimmen, woher es kam, aus welcher Distanz oder aus wie vielen Wolfskehlen, so angestrengt ich auch die Ohren spitzte. »Sobald sie heulen, bleib wo du bist«, schoss mir Fatos' Stimme durch den Kopf, als ich die Bettdecken zurückschlug und mich anzog: »Sie haben dich umstellt, es ist eine Falle.«

»Wölfe heulen, um die Jagd einzuleiten, um einen Verlust im Rudel zu beklagen oder schlicht, um ihren Standort mitzuteilen und das Revier zu markieren«, sagte ich mir, als ich die Treppe hinunterging, im Dunkeln den Anorak überstreifte und die Handschuhe anzog. Und als ich leise die Tür öffnete und die eiskalte Nachtluft mir über das Gesicht floss, insistierte ich: »Wölfe jagen keine Holzhütten und umstellen sie auch nicht!« Dennoch griff ich nach der Axt, ging ein paar Schritte hinaus, um besser hören zu können, nur ein paar Schritte, *told you not to worry,* leicht und vorsichtig in den Schnee hinaus, die Tür hinter mir offen und ich nur wenige Meter davon entfernt, *but maybe that's a lie,* dort, wo keine Tannen mehr den Wind und das Heulen brachen, auf der planen Fläche, inmitten der Schneewüste, lauschend …

Drei waren es, oder vier, irgendwo jenseits der Alm in den Wäldern. Eine Wolfstimme war klarer, sie schien von oberhalb zu kommen, die anderen klangen ferner und stammten von weiter unten. Aber ganz eindeutig kamen sie alle von links, von jenseits des Generators, jenseits des Kamms, dort, wo die Schneise hinunterführte zum Wirtschaftsweg, der zwischen den Wäldern in Richtung Pepaj führte. Wahrscheinlich gingen die Wölfe hinunter. Mal schraubte sich nur eine Stimme in die Nachtluft, mal zwei zur gleichen Zeit, dann wiederum schienen alle ineinandergeflochten wie ein Zopf. Es hörte sich an wie Monolog, Dialog und dann der Refrain im Chor. Es war unwirklich, brutal und schön zugleich. Ab und zu unterbrach der Wind das Konzert, dann drang es wieder durch. Aber auf einmal herrschte Stille. Das gefiel mir gar nicht – hatten sie Witterung aufgenommen? Ich trat den Rückzug an, ging Schritt für Schritt rückwärts bis zum Holzplatz, stellte die Axt neben die Tür und schloss diese ab. Ich war durchgefroren, aber glücklich. Gewissermaßen folgte ich letztlich doch Fatos' Rat und schmiss mich in die Kuhle. Ich verharrte nicht auf einem Baum.

Das Adrenalin verhinderte, dass ich schnell wieder einschlafen konnte, und ich lag noch länger wach und lauschte hinaus, vernahm jedoch nichts mehr. Keine weitere Wolfsnachricht.

· · ·

Entsprechend spät stand ich anderntags auf und fand eine Antwort von Fatos vor: »*Yes, we are coming!*«

Ich schrieb zurück: »*Careful! There are wolves around!*«

Die Antwort kam Stunden später, Fatos musste schon längst unterwegs sein: »*Haha, good joke.*«

Es war klar, Fatos dachte, ich würde Scherze mit ihm treiben, so wie über einen Monat zuvor er mit mir. Er dachte wohl, es handele sich um eine Retourkutsche.

Die Aussicht auf Gesellschaft versetzte mich in einen Zustand, den ich lange nicht gekannt hatte: Warten. Die Hütte war aufgeräumt, alles an Ort und Stelle, das Holz gemacht, der Weg geräumt, der Generator gesäubert, angeschmissen und wieder abgeschaltet – alles war bereit. Ab Mittag saß ich auf der Couch, hatte die restlichen Bohnen aufgesetzt und wartete. Wer wartet, lebt im Aufschub, und die Brückenzeit füllt sich bis zum Bersten. Aber nicht mit Leben, sondern mit Unfug, mit leerer Beschäftigung. Irgendwann beschloss ich nachzufragen, denn dass Fatos im wiederauffrischenden Wind und angesichts der Schneehöhe umgekehrt war, war nicht auszuschließen: »*Where are you?*« Keine Antwort. Wenn ich mich nicht völlig vertan hatte und das Konzert der Wölfe wirklich vom Weg nach unten gekommen war, dann war anzunehmen, dass Fatos ihnen begegnen könnte. Warten und Ungewissheit, beides war entsetzlich unangenehm, führte zu einer rastlosen, jedoch völlig unproduktiven Unruhe, der ich nichts entgegenzusetzen hatte.

...

Es begann zu dämmern, und ich hatte noch immer keine Nachricht von Fatos. Ich ging davon aus, dass er spätestens während des Aufstiegs aufgegeben haben musste. Das Wetter war schlicht zu schlecht, der Schnee zu hoch und der Wind empfindlich kalt. Wahrscheinlich würde sich mein Aufbruch um noch einmal eine Woche verzögern. Eine Woche ohne Strom allerdings. Aber das machte nichts, hatte ich doch den Großteil dessen, was ich mir vorgenommen hatte, inzwischen geschafft.

Ich machte mich bereit, meinen Alltag wieder aufzunehmen, die Routinen weiter zu verlängern und mich noch mehr einzuschränken. Ich erhob mich schließlich aus dem Sessel und gab das Warten auf, dieses sinnlos-gespannte Nichtstun.

Ich suchte mir Beschäftigung und ging in die kalte Küche.

Und dann, wie aus dem Nichts, ein Ruf durch den Schnee und den Wind: »Janaaaaq!«

Ich schoss nach draußen, am anderen Ende der Alm arbeitete sich Fatos mit Barri im Schlepptau durch den Schnee.

Zwanzig Minuten später waren sie an der Hütte.

TEIL III

BERGFEST
UND
RETOUR

OH, DIESE HIGHLANDER!

27 »Aber wenn ich es doch sage!«
»Also erstens hätten wir Fährten gesehen, zweitens hätte mir das jemand erzählt! Das wüsste ich ...« Fatos glaubte mir kein Wort: »Du hast geträumt. Es liegt so viel Schnee, dass Wölfe schon längst weiter nach unten gegangen wären. Die würden doch nicht abwarten, bis es richtig zuschneit, die verstehen das Wetter besser als wir.«

Kaum in der Hütte, schmiss Fatos das kleine batteriebetriebene Radio an, der montenegrinische Sender füllte den Raum mit Popmusik. Er legte mir zwei Packungen Zigaretten hin, stellte eine Flasche Raki auf den Tisch und füllte die Gläser. Vier Stunden hatten Fatos und Barri für den Aufstieg gebraucht, sie waren mit dem Suzuki nicht einmal bis nach Pepaj gekommen, sondern hatten ihn schon vorher stehen lassen müssen, um auf Schneeschuhe umzusteigen. Deswegen waren sie auch aus der anderen Richtung gekommen und nicht über den Wirtschaftsweg. Der sei mitten im Winter keine gute Wahl, das Terrain zu schwierig. Sie hatten aufsteigen müssen und gar keine Wahl gehabt, denn morgen würde sich ein Alpinistenclub aus Peja auf den Weg machen, um auf der Hütte zu übernachten.

»Die sind dieses Jahr spät dran.«

»Wie das?«

»Na, die kommen wegen Çako, wegen seinem Todestag, um ihn zu ehren.«

Safet Mavrović, genannt Çako, war am 6. Januar 1997 in den Tod gestürzt.

»Serbischer Name?«

»Nein, ganz und gar nicht: muslimisch. Çakos Familie kommt aus dem Sandjak.«

Der Sandjak ist Serbiens südwestlichste Region, keine hundert Kilometer von Peja entfernt und bis heute mehrheitlich muslimisch geprägt. Die Familiennamen wurden im Laufe der Geschichte eingemeindet, die Endungen angeglichen.

»Aber nun erzähl. Außer den Wölfen, wie war es?«

Es sprudelte nur so aus mir heraus, der Berg, das Wetter, der Fuchs …

»Oh stimmt, das hab ich vergessen zu erzählen. Ja, der wohnt hier und der lässt keine Gelegenheit aus. Der bekommt manchmal sogar die Tür auf!«

»Wie schafft er das denn?«

»Keine Ahnung, wahrscheinlich springt er die Klinke an, deshalb sperre ich immer ab!« Fatos bestätigte meinen Verdacht, dass der Fuchs einen ganz genau beobachtete. »Aber was hast du die ganze Zeit gemacht?«

»Holz. Hauptsächlich Holz.«

Fatos lachte, übersetzte für Barri, und der stimmte in das Lachen ein. Lachen, Musik, Zigaretten, Raki: Alles war wieder da. Mehr als vier Wochen war ich allein hier oben gewesen, aber innerhalb kürzester Zeit schnalzte diese Zeitspanne zusammen wie ein überdehntes Gummiband. Jetzt, wo Barri und Fatos wieder auf der Hütte waren, schien es, als seien sie nur kurz weg gewesen, eine Woche, zwei vielleicht. Wo war die ganze Zeit hin? Es gab wirklich verschiedene Zeitmessungen: Diejenige der Ebene, nach deren Maßstab die Zeit unbedeutend ist, wenn nichts passiert – lang zwar oder sogar langweilig, solange man sie erlebt, anschließend ungesättigt von Ereignissen und daher in der Rückschau kurz. Und es gab diese andere Zeit, jene der Phasen, der Wetter- und Lichtwechsel, deren kleinste Einheit der Tag ist, die sich in Jahren und Jahreszeiten organisiert und die die Wölfe riechen können. Ich kam aus der Zeit der Wölfe und wechselte nun binnen weniger Stunden in diejenige der Menschen hinüber. Der einzige Beweis für die vergangene Zeit, den ich in den Händen hielt, war das fast abgeschlossene Manuskript über mallorquinische Küchentradition. Alles andere war eine gleichförmige Erinnerung, der ich unmöglich einzelne Tage entnehmen konnte. Die Zeit im Schnee machte keine Strecke, sondern vielmehr einen Raum aus, den ich bewohnt hatte.

Fatos und Barri schickten sich an, das hintere Zimmer zu verschalen, kurz mal eben noch fertig zu machen, denn der Alpinistenclub würde es brauchen.

»Wie viele sind es denn?«

»Oh, so genau weiß man das nie, im Moment fünfzehn.«

»Im Moment?«

»Ja, das kann sich noch ändern.« Fatos stand oben am Fenster zur Welt und fixierte sein Mobiltelefon. »Janaq! Es hat minus achtzehn Grad!«

»Kann nicht sein!«

»Du hast dich akklimatisiert, du merkst das gar nicht mehr.«

Ich hatte die zusätzlichen Minusgrade schon bemerkt: daran, dass der feuchte Handschuh an der Türklinke in Sekundenbruchteilen festfror, dass sich nach wenigen Minuten draußen die Nasenhaare versteiften und mit jedem Atemzug gegen die Naseninnenwand rieben, dass der Schnee das Spaltholz aneinanderklebte und es mühsam wurde, die Verbindungen zu sprengen, dass die Fenster von innen vereisten und schönste Blüten trieben – und nicht zuletzt daran, dass ich mindestens dreimal anstatt zweimal am Tag Holz hatte hacken müssen. Aber ich hätte die Außentemperatur vielleicht auf minus sieben oder acht Grad geschätzt, nachts und frühmorgens vielleicht auf minus zehn. Aber minus achtzehn?

Gegen Mitternacht, während Fatos und Barri zu Hochform aufliefen, kapitulierte ich, die Müdigkeit hatte die Aufregung besiegt.

• • •

Am Morgen darauf war das Wasser erneut eingefroren, obwohl Fatos den Ofen über Nacht bis zum Anschlag gefüllt und das Knacken und Bollern mich in den Schlaf begleitet hatte. Ich war als Erster wach, fand noch Glut vor und das Ofenzimmer erfreulich warm, nicht jedoch die Küche.

Barri und Fatos wählten eine andere Strategie als ich und schmissen den Ofen in der Küche an, wollten den gesamten Anbau auf eine Temperatur bringen, die es mit minus achtzehn Grad und dem Wind da draußen aufnahm. Der Ofen aber wollte nicht. Sein Abzugrohr war von den Eismassen auf dem Dach verstopft, der Raum füllte sich schnell mit Rauch, die Außentür musste geöffnet werden, und der Wind trug Schnee in die Küche. Fatos zog die Schneeschuhe an, nahm die Schaufel und kletterte aufs Dach, um das Ofenrohr frei zu bekommen. Trotz der Schneeschuhe reichte das zusätzliche Gewicht aus, um einen der schmaleren Balken brechen zu lassen. Ich verstand das nicht: Da lagen Tonnen an Schnee und Eis auf dem Dach, und dann kamen achtzig Kilo dazu und sprengten den Balken? Barri lief nach draußen, um Fatos zu warnen, und dann waren drei Leute vollauf damit beschäftigt, den Normalzustand wiederherzustellen. Die Hütte wurde zum Hühnerstall, zu einem Hühnerstall voll Schnee und Rauch, ohne Wasser und in Erwartung von einem guten Dutzend Bergsteigern.

Eine Stunde später hatten wir die Lage einigermaßen stabilisiert und tranken erst mal Kaffee. Der Ofen lief, der Balken war provisorisch abgestützt, und das Wasser würde es von allein schaffen, es konnte sich nur um Stunden handeln. Ich fragte mich angesichts der Wetterlage, ob die Bergsteigertruppe überhaupt kommen würde oder ob ich der einzige Gast bliebe, der es in diesem Winter auf die Hütte an der Hajla geschafft hatte.

»Doch, doch, die kommen. Abends haben sie gesagt.«

»Abends? Die gehen doch vorher nicht auf den Gipfel?«

»Die sind doch nicht blöd.«

»Es sind immerhin Kosovaren!«

Ich dachte an Çako und daran, dass dieser *zweimal* von Einheimischen gerettet werden musste. Und auch mein Kumpel Edis kannte keine Widrigkeiten, sondern nur Herausforderungen, die es zu meistern galt.

»Auch wieder wahr, aber nicht bei Sturm! Die kommen morgen auf die Hütte und gehen Sonntag rauf.«

»Sturm würde ich das gar nicht nennen, gestern und vorgestern war es viel heftiger.«

Fatos lachte: »Du hast dich wirklich akklimatisiert!«

• • •

Nachmittags begannen Fatos und Barri, sämtliches Baumaterial zu sortieren und auf die Seite zu räumen, sodass Platz für die Bergsteiger war. Barri musste irgendwelche Latten falsch gestapelt haben beziehungsweise gar nicht, sondern nur in die Küche geknallt, sodass Fatos lauthals losschimpfte, Barri vermutlich einen Volltrottel nannte oder einen grobschlächtigen Neandertaler. Diesmal steckte Barri es nicht einfach so weg, sondern verzog sich schmollend ins Ofenzimmer, sank in den Sessel und saß dort eine geschlagene halbe Stunde, schimpfte seinerseits, grummelte bald, um schließlich vor sich hin zu murmeln. Er wiederholte in allen drei Modi – dem Schimpfen, dem Grummeln und den Murmeln – jeweils ein Wort: *poshtë*. Das bedeutet »runter«. Es war klar, Barri zog in Erwägung, halt hinunterzugehen, wenn Fatos seine Anwesenheit und Tatkraft nicht zu schätzen wusste. Wie so häufig renkte sich alles wieder ein, ohne dass es ein klärendes Wort oder eine Versöhnung gebraucht hätte, einfach dadurch, dass ausreichend Zeit verstrich und der Zorn auf beiden Seiten verrauchte.

Wie an den Tagen zuvor begann der Wind mit der fortschreitenden Tageszeit unangenehm aufzufrischen. Um vier Uhr nachmittags bekam Fatos Nachricht von der Gruppe: »Die sammeln sich jetzt erst.«

»Im Dorf?«

»Nein, in Peja.«

»Bitte was?«

»Sie schreiben, es würden ein bisschen mehr …«

»Mehr was?«

»Mehr Teilnehmer. Das heißt, dass sie in einer Stunde in Pepaj sind, eine weitere, bis alle ihr Zeug anhaben. Und dann rauf, schätze fünf Stunden, große Gruppen brauchen länger.«

Oh, diese Highlander! Das war schon ein lustiges Völkchen! War jemals einer beizeiten auf dem Berg? War es jemals möglich, die Gruppe abzuschütteln, dem sozialen Mahlstrom zu entgehen? Oder lief das immer so?

»Wie kann man denn im Dunkeln hochgehen? Dann sind die ja erst gegen Mitternacht da!«

»Hab ich denen ja gesagt, und auch dass Sturm ist.« Fatos malte sich aus, was passieren würde. Erst würden sie anfangen zu streiten: »Aber Fatos hat doch gesagt ...« – »Nein, hat er nicht ...« – »Links!« – »Quatsch! Geradeaus, links erst da oben ...« Sie würden nur langsam vorwärtskommen, immer einer auf den anderen warten müssen, bis die Gruppe wieder komplett wäre, ihrer Sache nicht mehr ganz so sicher und auch nicht des Weges. Dann die Kälte, der Wind, die furchtbare Dunkelheit einer Neumondnacht, die zunehmende Unsicherheit. Es würde irgendwann eine leise Panik einsetzen, worauf der Streit versiegen würde – daraufhin würden alle den Kopf ausschalten und nur noch stumm vorwärtsstapfen. Dann würden sie ein Licht sehen, neue Hoffnung schöpfen und zwanzig Minuten später wohlbehalten an der Hütte ankommen. Sie würden sich aufwärmen und sofort gut gelaunt mit dem Trinken anfangen, um drei ins Bett fallen und am nächsten Morgen entscheiden, dass das Wetter zu schlecht sei, um aufzusteigen und stattdessen wieder hinuntergehen, zurück in die Stadt. Wir hingegen würden bleiben und erst am Montag aufbrechen, denn Fatos hatte keine Lust, inmitten einer Herde durch die stille Natur zu stapfen.

So sagte es Fatos voraus – und genau so kam es.

DER ALPINISTENCLUB LÄUFT EIN

28 Also fast genau so. Was stimmte, war, dass alle gegen drei ins Bett fielen. Allerdings waren die Matratzen aus, denn die Gruppe hatte sich in Peja signifikant vergrößert, ja mehr als verdoppelt! Das hatte zur Folge, dass die Sofas und Sessel belegt waren und einige auf mitgebrachten Matten, drei jüngere Kerle sogar auf Stühlen übernachteten und die Hütte voll war bis unter die Decke. Es gab keinen Quadratzentimeter Boden mehr, der nicht belegt war! Das Anschwellen der Gruppe auf Kompaniestärke durch spontanen Anschluss war auch der Grund für die phänomenale Verspätung, denn jeder, der neu hinzugekommen war, musste ja erst mal seine Ausrüstung besorgen, zwei, drei Leuten Bescheid geben, dass er die Hajla besteigen würde, von denen sich wiederum mindestens jemand der ganzen Unterneh-

mung anschloss, sich wiederum erst selbst organisieren musste, nicht ohne weiteren Leuten Bescheid zu sagen ... und so
weiter. Die ersten waren schon um elf eingetroffen, die letzten Nachzügler, darunter ein sagenhaft erschöpfter Snowboarder mit dem Board auf dem Rücken, erst nach Mitternacht. Selbst wenn man nicht gerade einen Monat allein im
Schnee verbracht hätte, wäre die nicht enden wollende Lich-
terkette im Schneetreiben ein surrealer Anblick gewesen: Einer nach dem anderen lief ein, klopfte sich den Schnee von
der Funktionskleidung, schnallte die Schneeschuhe ab und
trat ins Warme. Vor der Hütte wuchs ein Berg an Stecken,
Snowboards, Skischuhen und Skiern. Es sah aus wie vor einer
österreichischen Skihütte, nur halt in stockdunkler Nacht.
Nahezu alle Altersgruppen waren vertreten, neben einigen
Veteranen des kosovarischen Bergsports war auch eine jüngere Gruppe mit drei Frauen eingetroffen. Das Gros aber machten Männer zwischen dreißig und vierzig aus. Es war ein
Schaulaufen der Farben, der Ausstattung und der Gesichter,
das mich ganz schwindelig machte. Der Lärm, die Stimmen
und das ganze Geschehen waren ein bisschen viel für mich.
Ich suchte mir eine ruhige Ecke am langen Tisch in der Küche
und beobachtete von dort die Neuankömmlinge. Der Strom
riss nicht ab. Der junge Trupp übernahm die Küche, setzte
Wasser für Pasta auf und begann wenig später mit der Es-
sensausgabe. Erst als alle versorgt waren, bedienten sie sich
selbst. Fatos setzte sich zu mir und schob mir sein Glas hin:
»Probier mal. Raki mit Walnüssen aromatisiert.«
    »Aber ...?«

»Ich hab noch nicht getrunken, und wenn hier jemand garantiert kein Covid hat, dann du!« Tatsächlich war ich nicht nur aus Schüchternheit in der kühleren Küche geblieben, sondern auch aus Vorsicht gegenüber dem Virus. Wenn auch nur einer es mit hochgeschleppt hatte, dann waren wir inmitten eines Superspreading-Events, das sich gewaschen hatte: ein Mini-Ischgl im Kosovo. Keiner schien sich auch nur ansatzweise Sorgen zu machen, im Bergland galten wohl andere Regeln als in der Ebene. In der Stadt hatten gewiss alle ihre Masken getragen, der lokalen Mode entsprechend meist unterhalb des Kinns, sie dann aber zusammen mit der Sorge abgestreift, sobald es in die Berge gegangen war – nicht ganz unberechtigt, denn in Peja gab es kaum Fälle, und, wie sich später herausstellte, es steckte sich in der Tat keiner an. Jedenfalls war mir nichts dergleichen zu Ohren gekommen. Überhaupt war das Ganze kein wildes Besäufnis, sondern ein freundliches Stelldichein der Alpinistenszene von Peja. Es hatte etwas Beseeltes, auf ruhige Art Beschwingtes. Der Raki ging herum, aber niemand übertrieb es, und alle Gesichter waren entspannt. Alle bis auf eines: Der Snowboarder, der als Letzter gekommen war, schien am Rande seiner Kräfte zu sein und musste aufgepäppelt werden. Er war den gesamten Weg mit dem Snowboard auf dem Rücken hochgestiegen und trug dazu seine Snowboardschuhe. Das allgemeine Ausmaß an Ausrüstung, Jacken, Stirnlampen, Helmen, riesigen Rucksäcken hatte Expeditionsqualität und ließ nur den Schluss zu, dass die Bergsteiger auf alles vorbereitet waren. Auf absolut alles.

Ich wandte mich an Fatos: »Sag mal, die Schneeschuhe hast du doch mit?«

»Natürlich!«

»Könnte ich mir für Morgen deine Stecken leihen?«

»Was hast du vor?«

»Hochgehen.«

HOCH HINAUS

29 Um halb sieben klingelte mein Wecker, doch ich drehte mich wieder um, denn ich fand es eine saublöde Idee, nach knapp vier Stunden Schlaf aufzustehen, um in die Kälte hinauszugehen und den Berg hochzusteigen. Fatos und Barri waren kurz nach mir zu Bett gegangen und teilten sich einträchtig das zusätzliche Doppelbett in meiner Kammer – so einträchtig, dass das gemeinsame Schnarchen ein Kanon war. Wohl deshalb stand ich gegen sieben doch auf, zog im Dunkeln die sorgsam zurechtgelegten Sachen an, griff nach der Stirnlampe und ging hinunter über lauter ausgestreckte Leiber hinweg in die Küche. Dort machte ich Tee, füllte eine Plastikflasche, streifte dieser zwei Socken über, aß von den Überresten des letzten Abends und stand um halb acht draußen. Die noch blödere Idee wäre es gewesen, auf der Hütte zu bleiben und sich die Gelegenheit entgehen zu lassen. Aus mehreren Gründen war es wichtig, früh loszukommen: Erstens

wollte ich nicht zusammen mit dem Alpinistenclub hochstei-
gen, die würden zwar nicht alle gehen, aber mindestens fünfzehn bis zwanzig würden sich auf den Weg machen – und das
war ein bisschen viel für meinen Geschmack. Zweitens würden sie erst spät loskommen, viel später als ich. Und drittens
war das Wetter morgens stabiler, an den Vortagen waren die
frühen Vormittagsstunden jeweils klar gewesen, der Wind war
erst später stärker geworden.

· · ·

Ich fand die Schneeschuhe und die Stecken dort, wo ich sie
abends zuvor bereitgestellt hatte. Die Alm zu überqueren, war
angesichts der Spuren vom Vortag überhaupt kein Problem,
der Übergang zur Hajla-Flanke war schon mühsamer. Von dort
an war die Schneeschicht vom Wind verdichtet worden, war zu
kompaktem Eis gefroren, sodass ich mich entschied, in gerader
Linie aufzusteigen. Das war zwar anstrengender, als in Kehren
zu laufen, aber so konnte ich die Krallen der Schneeschuhe
bestmöglich einsetzen und hatte fast so etwas wie Steigeisen an
den Füßen. Der Wind kam von der Seite und war brutal, nach
wenigen Minuten im steilen ausgesetzten Gelände war die eine
Hand bereits eisig. Ich gab den Tee auf, nahm die zwei Socken
und zog sie über die Handschuhe, ballte die Hände zu Fäusten,
stützte sie auf die Stecken und arbeitete mich vorwärts. Jeweils
vierzig Schritte, dann Pause. Tee erst oben, erst wenn du am
Grat bist, bevor es hinübergeht zum Gipfel. Die nächsten vierzig Schritte. Nicht zurückschauen, keine Fotos. Später viel-

leicht, auf dem Abstieg, nicht jetzt. Vorwärts, nur vorwärts. Der Wind blies kleine Tornados über die vereiste Fläche, wirbelte feinsten Schnee auf, trug ihn weg, um ihn andernorts zu einer Wehe aufzubauen oder in einer Senke niederzulassen. Ich erkannte die Schneeansammlungen, sie reflektierten das Licht anders als die Vereisungen. Das Eis war wie bläuliche Adern über den Berg verteilt, dazwischen kleine, kaum sichtbare Senken, in denen der Schnee lag. Ich wusste, wann ich einsinken würde und wann es anschließend wieder über die dunklere Fläche des Eises ging, wo die Krallen erneut zum Einsatz kamen und es einfacher war. Ich kam gut voran, es war nur saukalt, richtig kalt. Bleib in Bewegung, bleib einfach in Bewegung, dann spürst du es nicht so. Es gibt einen Riesenvorteil, wenn man schon einmal denselben Berg hoch ist: die Vertrautheit. Man kennt die Verhältnisse, man weiß genau, wo man ist, wie viel es noch braucht und was folgt, auch wenn die Wetterbedingungen ganz andere sind. Es war eine bizarre Welt aus Eis und Schnee, die letzten kleinen Bäume waren vollständig zugeschneit und zu Skulpturen erstarrt, und dann war Schluss mit jeglicher Vegetation. Linker Hand kamen die ersten Felsformationen, von denen man wissen musste, dass es Felsformationen waren: Überhänge aus Schnee und Eis, an denen es entlangging, weiter zum Grat. Alles schien wie von Bob Ross gemalt, mit dem Spachtel in einem Schwung aufgetragen. Dann, großes Glück, kaum war die schlimmste Steigung überwunden, kaum war es ein wenig flacher geworden, ließ der Wind nach. Während ich weiterstapfte, kam die Sonne zwischen Wolkenbändern zum Vorschein, bleich und fahl. Vierzig Schritte, hörst du, vierzig! Nicht dreißig, sondern vierzig. Vierzig geschafft, vornüber auf die Stecken lehnen, durchschnaufen, warten, bis der Puls runtergeht, warten, bis er nicht mehr in den Schläfen pocht, warten, kurz noch warten, dann weiter. Nicht mehr lange, nicht mehr lange. Vierzig Schritte. Da vorne schon, da ist der Wall, da sind die Felsen des Grats. Zweihundert Meter, hundert. Vierzig Schritte. Schon stand ich am Abgrund, genau dort, wo ich wenige Wochen zuvor weiche Knie bekommen hatte. Tee. Nur noch lauwarm. Blick zurück, weit unten die Hütte, winzig. Nichts zu sehen, kein Mensch. Die ganze Welt schwarz-weiß, nur ein Streifen helles Blau im Himmel. Fast kein Wind, was für ein Glück. Also weiter, nicht zu nah am Grat, lieber leicht schräg, du weißt: die Wechten! Die Steine und Felsen, die steilen Übergänge und die Buchten dazwischen waren komplett vom Schnee überwölbt, es war ein Leichtes, in Richtung Gipfel zu gehen, es war wesentlich einfacher als beim ersten Mal. Eine schroffe Hügellandschaft, so wie man sich die Antarktis vorstellt. Blick zu beiden Seiten, vorne das steile Norddach des Gipfels, ein einziger Eisfall. Unten die monochrome Fläche Montenegros, die Schraffur der Wälder, Berge, die von oben aussahen wie Hügel. Kein Vogel, kein gar nichts. Ein Spaziergang, über den Grat hinweg, bis dorthin, wo er behauptete, am höchsten zu sein, nicht ohne Vorsicht, und schon gar nicht ohne Ehrfurcht. Die Stelle passiert, die Felsnase, an der ich abgestiegen war, jetzt durch all den Schnee begradigt, weiter hinüber und in leichter Kurve hinauf.

Und dann hatte ich es geschafft. Der Gipfel war ein winziges Plateau, nicht viel größer als ein Balkon, eisig und weiß, steil abfallend zu beiden Seiten. Der Tee war inzwischen eiskalt, bald würde er gefrieren. Ich trank die kleine Flasche leer und machte mich zügig auf den Rückweg, diesmal auf demselben Pfad, kein Grund zu verweilen. Es gab auch keinen Grund abzukürzen und an der Felsnase geradeaus hinunterzugehen, im Gegenteil: Zwischen den Felsrippen lag massiv Schnee, ausreichend, um trotz Schneeschuhen einzusinken oder, schlimmer noch, kleinere Lawinen auszulösen. Ich ging den Grat zurück, genau in der Spur, die ich hinauf genommen hatte. Es zog zu, bald würde der Wind einsetzen, wieder den Schnee treiben, bald würde es ungemütlich werden. Der Abstieg war erreicht, noch war die Sicht gut, und weit unten sah ich kleine Punkte, die sich vor der Hütte sammelten, der Alpinistenclub machte sich zum Aufstieg bereit.

Ich hingegen, ich stieg ab.

...

Kurz nach elf war ich wieder an der Hütte. Etwa die Hälfte der Bergsteiger war gar nicht erst losgezogen, sondern saß im Ofenzimmer und tauschte Geschichten aus, vermutlich von vergangenen Abenteuern. Losgezogen waren die jüngeren, also jene, die noch Geschichten sammelten, die sie später erzählen konnten. Noch während meines Abstiegs waren wilde Wolkenberge aus dem Tal heraufgezogen, hatten sich schrittweise ausgebreitet und den Grat in Nebel getaucht. Dorthinein verschwand gerade der Gipfeltrupp, um wenig später auf den Grat abzubiegen. Anfangs waren sie meinen Spuren gefolgt, als es steiler wurde, hatten sie jedoch eine andere Strategie gewählt und waren in Kehren weiter nach oben gestiegen. Skitourengeher, Bergsteiger und Snowboarder gingen alle gemeinsam, nur einer war zwischenzeitlich vorgeprescht und hatte, ähnlich wie ich, die gerade Linie gewählt. Dass ich das so durchgezogen hatte, war alles andere als selbstverständlich, schließlich hatte ich wochenlang stillgesessen und war auch sonst nicht der Profibergsteiger. Ich schrieb es der Akklimatisierung zu, dass es gar nicht so schwer gewesen war, trotz Winter und Witterung. Allerdings schmelzen die Strapazen mit dem Moment der Rückkehr zusammen, und man vergisst das Fluchen während des Aufstiegs. Wahrscheinlich liegt das eigentliche Glück des Bergsteigens in der Rückkehr und gar nicht im Erreichen des Zieles. Die Ausgesetztheit, die Anstrengung und die Gefahr sind nur das Vorspiel zur anschließenden Gelöstheit, dieser Mischung aus Verausgabung, guter Durchblutung und durchgelüftetem Hirn. Dass man sich aber, während es hochgeht, nicht mindestens ein, zwei Mal fragt, was in Gottes Namen man da treibt und warum, das kann mir keiner erzählen! Objektiv betrachtet ist Bergsteigen Unsinn, man erobert einen Raum, wie er nutzloser nicht sein könnte, hat nichts davon und bringt auch nichts mit. Doch es geht gar nicht um den Blick oder um das Gipfelglück. Bergsteigen ist eine ganzheitliche Erfahrung: Geist und Körper werden mit jedem Schritt koordiniert, können gar nicht anders, als zusammenzuarbeiten. Die Bewegung und die Anstrengung sind dabei kein Hindernis, im Gegenteil, sie sind die Voraussetzung. Schrittweise formen sich Atem, Kraft, Bewegung und Gedanken zu einer Einheit, die es mit der Höhe und dem tendenziell gefährlichen Raum aufnimmt, sich ihm angleicht. Das Heilige der Berge, das ist die Abwesenheit jeder menschlichen Struktur, die Leere und die Ausgesetztheit. Aus eigener Kraft dort hineinzugehen, bedeutet, Schritt für Schritt Kontakt mit diesem Heiligtum herzustellen. Die größten Risiken gehen nicht unbedingt von der Natur aus, sondern von einem selbst: falsche oder unvollständige Ausrüstung, Überschätzung der eigenen Leistungsfähigkeit, Unterschätzung von Strecke und Schwierigkeit, mangelnde Risikoabschätzung, falscher Ehrgeiz, Unwissen. Kenntnis des Terrains und der richtige Zeitpunkt sind entscheidende Faktoren: Wenn man nicht unter Druck steht, auf den richtigen Tag warten kann und schon am selben Berg unterwegs war, also weiß, worauf man sich einlässt, dann hat man schon viel getan, um die Risiken so weit als möglich zu minimieren. Den Rest hat man nicht unter Kontrolle.

...

Fatos schlief noch im stockdunklen Zimmer – durch das Oberlicht drang kein Schimmer, die Tür hielt dicht. Er verschlief auch den Tag, verschlief seine Gäste und verschlief das Aussetzen des Wassers: Der Hahn gab plötzlich keinen Tropfen mehr von sich. Das war eine mittlere Katastrophe, weil wir kochen und Tee machen mussten, denn die Bergsteiger würden nach der Rückkehr dringend etwas Warmes im Magen benötigen. Barri zuckte mit den Schultern, hatte keine Ahnung, woran es lag, und ich ging Fatos wecken. Der fluchte leise und besah sich den Hahn, als wollte er ihn hypnotisieren. In der Zwischenzeit kamen die Skitourengeher schon zurück, es war ihnen aufgrund der Vereisungen unmöglich gewesen, weiter aufzusteigen, ohne dabei die Felle zu ruinieren. Deshalb hatten sie diese abgezogen und waren in wenigen Schwüngen zur Hütte zurückgefahren. Ein Glück, da einer eine zweite Lawinenschaufel dabeihatte. Zusammen mit Fatos ging er hinaus, um nach der Zisterne zu sehen. Vermutlich war deren Abfluss verstopft – was bedeutete, sich durch eine Schicht von zwei Metern Schnee zu schaufeln. Da das dauern konnte und Erfolg nicht garantiert war, begannen wir anderen damit, hastig Schnee zu schmelzen, indem wir alle verfügbaren Töpfe füllten und auf die Öfen stellten.

· · ·

Einer nach dem anderen kam aus dem Nebel. Von der Hütte aus beobachteten wir den Abstieg, die Formation hatte sich aufgelöst. Drei Personen erschienen, dann zwei weitere, dann einer allein. Die fernen Figuren bewegten sich auf dem Weg hinunter ungelenk, der Aufstieg war von militärischer Disziplin gewesen – und jetzt sahen wir Arme rudern und Beine über Eis schlittern. Die Hajla, ihr Gipfel und der Grat waren nicht mehr auszumachen, aber gerade jetzt, als sich nach und nach der gesamte Gipfeltrupp aus den Wolken schälte, wohlbehalten die Flanke hinunterzog, schien mir der Berg lebendiger denn je. Über Wochen hatte ich, wann immer das Wetter es erlaubt hatte, das majestätische Massiv bewundert, jede Veränderung verfolgt, jetzt waren mir entfernte kleine Punkte, die sich in

Richtung Hütte bewegten, der schönste Schmuck im Weiß,
den man sich ausdenken konnte. Ich war glücklich, ich war
glücklich über meine Zeit hier oben, über die ganzen Leute,
über die Bergsteigergemeinschaft, über heißen Tee, über kalte
Nudeln, über alles, ich war glücklich über alles.

· · ·

Zwei Stunden hatten Fatos und der Kollege gebraucht, um die
Zisterne freizuschaufeln und die Wasserversorgung wiederherzustellen. Fatos kam gerade noch rechtzeitig, um dem Aufbruch des Alpinistenclubs beizuwohnen. Der hatte sich aus-
giebig aufgewärmt und gestärkt, dann die Sachen und das
Material zusammengepackt. Ob es ursprünglich Barris Plan
war oder ob er seine Drohung, nach *poshtë* zu entschwinden,
doch noch wahr machte, wusste ich nicht, jedenfalls schloss er
sich dem Trupp an. Fast vierzig bunte Outdoorjacken und ein
Mann in Militärkleidung schickten sich an, hinunterzugehen.
Fatos sah ihnen hinterher und sagte: »Autobahn! *Tomorrow we
have an* Autobahn *to go down.*«
    Ich erwiderte: »*Yes, but first we have* Baustelle.«

· · ·

Aber so schlimm war es gar nicht. Eine gute Stunde später war
der Müll eingesammelt, die Matratzen gestapelt und die Küche aufgeräumt. Der Normalzustand war wiederhergestellt,
durchputzen würden wir erst am Folgetag.

»Bist du wahnsinnig?« Fatos betrachtete stirnrunzelnd die sorgsam aufgereihten Mülltüten. Die meisten waren mit den Hinterlassenschaften der Bergsteiger gefüllt, lediglich zwei kleinere Einkaufstüten gingen auf mein Konto. »Da ist ja alles durcheinander!«

Wie? Machen wir jetzt Mülltrennung? Machten wir in der Tat, wir trennten in brennbar und unbrennbar. Der Ofen wurde gefüttert, und der Rest schrumpfte zusammen auf eine Tüte voller Dosen und Glas.

»Und? Freust du dich auf unten?«

»Aber hallo!«

Natürlich freute ich mich: auf eine heiße Dusche, auf Pizza, auf Supermärkte, auf frische Bettwäsche, auf Cafés und WLAN! Das war aber nur die eine Seite der Wahrheit. Dass auf einmal der Zeitpunkt des Aufbruchs nahe gerückt war, so schnell und so abrupt, war unerhört! Erst beim Packen realisierte ich, dass es wirklich hinuntergehen sollte. Es war keine Wehmut im Spiel, eher so etwas wie Überforderung.

»Drei oder vier Tage lang wirst du alles genießen, dann aber, am vierten oder fünften schon, wirst du die Ruhe vermissen!«

»Vielleicht ist es genau andersherum: Vielleicht sind die ersten Tage ein Schock ...«

»Nächstes Wochenende – wahrscheinlich wird das eh nichts, es soll weiter schneien – kommt eine Gruppe aus Prizren, also ich geh dann wieder hoch!«

ABSCHIED UND
ABSTIEG

30 Der Abschied ist die Zeit, in der alles zum letzten
Mal geschieht. Ein letzter Morgen auf der Alm, ein
letztes Mal das frühe Licht auf der Flanke der Hajla, ein letztes
Mal Holz hacken ... Abschiede sind einschneidender als das
Ankommen.

Fatos war früh wach, es gab einiges zu tun. Zunächst ver-
stärkten wir den durchgerissenen Balken, Fatos meinte, er
könne sonst nicht gut schlafen. Dann säuberten wir in schönster Arbeitsteilung die gesamte Hütte von hinten nach vorne
und von oben nach unten. Punkt drei Uhr brachen wir auf. Ein
letzter Blick zurück über die Alm, auf die Hütte: die Heim-
statt, der Schutzraum, der Garant von Leben und Wärme.

Es hatte nicht zugezogen wie an den Tagen zuvor, auch
der Wind blieb aus, es herrschte schönstes klirrend-kaltes

Winterwetter. Den kleinen Rucksack hatte ich vor der Brust, den großen auf dem Rücken, um jedes Gramm, das ich nicht mit hochgenommen hatte, war ich jetzt froh. Stecken hatte ich im Gegensatz zu Fatos keine, weswegen ich noch die Balance austarieren musste, während er ein Höllentempo vorlegte. Wir nahmen eine Abkürzung zwischen Felsen hindurch, über ein Steilstück, und folgten zunächst nicht dem offiziellen Weg, der Autobahn. Wir gingen zu der Seite hinunter, die Fatos zwei Tage zuvor für den Aufstieg gewählt hatte, also nicht durch die Schlucht und über den Wirtschaftsweg. Das sei leichter und außerdem schneller, denn so kämen wir direkt zum Auto und müssten nicht erst ganz Pepaj durchqueren, hatte Fatos gesagt. Es war ein sagenhaft schöner Tag, hell erleuchtet, friedlich und wie im Märchen. Mir war, als weite sich mit jedem Schritt meine Welt, der Blick öffnete sich über das Rugova-Tal und ins Unermessliche. Nach einer guten Stunde Abstieg über steiles Terrain stießen wir auf einen Waldweg, auf dem es gemütlicher weiterging. Trotz Gepäck wurde es zum Spaziergang durch eine winterlich ruhende Welt, ein Sonntagsausflug am Montag.

Doch auf einmal sah Fatos aus, als würde er einen Schlüsselbund im Schnee suchen, so angestrengt hatte er seinen Blick an den Wegesrand geheftet.

»Was suchst du?«

»Wie viele es sind.«

»Wie viele was?«

»Hunde. Da, siehst du, da verläuft eine Fährte, und dort, und da drüben noch eine!«

Insgesamt drei Fährten machte Fatos aus, große, eindrückliche Tatzenspuren – viel größer, als die des Fuchses gewesen waren.

»Müssen aber große Hunde sein.«

»Ja, wahrscheinlich Schäferhunde aus dem Dorf.«

»Die laufen hier allein rum?«

»Es ist nicht mehr weit, das Dorf ist gleich hinter der nächsten Kuppe.«

Die Fährten verliefen eine Zeit lang links und rechts vom Waldweg, manchmal bog eine zwischen die Tannen ein, als habe es dort etwas zu sehen oder zu erschnüffeln gegeben, kehrte aber bald zu denjenigen der Gefährten zurück.

»Sind die frisch?«

»Bestimmt. Wahrscheinlich von heute Morgen.«

Kurz vor dem Dorf jedoch verloren sich die Spuren im Wald, sie mieden die Ansiedlung und zogen daran vorbei.

»Doch keine Hunde!«

Auch wir gingen nicht zum Dorf hinüber, sondern über einen Abhang weiter hinunter, dorthin, wo irgendwo die Straße liegen musste. Wir gingen über offenes Terrain, parallel zu den Fährten, von denen Fatos jetzt sagte, dass sie wahrscheinlich von Wölfen stammten. Wir erreichten die Straße, die unter Schnee lag, und folgten ihr einen guten Kilometer hinunter, bis wir auf den Suzuki stießen, den Fatos in einer Kehre abgestellt hatte. Das Timing war perfekt, gerade verschwand die Sonne hinter den Bergen, die gegenüberliegenden Gipfel strahlten in kitschigem Rosa. Schatten hatten sich über das Tal gelegt, und schlagartig wurde es kalt. Wir zogen die Schneeschuhe aus, schmissen das Gepäck auf die Rückbank, es konnte losgehen. Fatos drehte den Zündschlüssel, aber außer einem müden Klicken passierte nichts. Er beugte sich über das Lenkrad, drehte erneut. Nichts, nur das metallische Klicken, kein Motorengeräusch. Fatos versuchte es weiter, aber der Suzuki blieb tot. Die Batterie hatte den Geist aufgegeben.

NUR EINE KLEINE
VERZÖGERUNG

31 »Und jetzt?«
»Mentor.«
»Akku?«
»Zwanzig Prozent.«
Das ist nichts, nicht bei minus fünfzehn oder sechzehn Grad. Fatos suchte Mentors Nummer, das Telefon baute die Verbindung auf, die Batterie hielt vorerst stand. Es klingelte dreimal, viermal, fünfmal. Keiner antwortete. Fatos fischte nach dem voluminösen externen Akku, den er immer mittrug, und schloss das Telefon an. Gott sei Dank, dachte ich. Mein Akku wäre leer gewesen, mein Telefon innerhalb kürzester Zeit weggestorben.

Zweiter Versuch. Wieder niemand.

»Er ruft zurück, sobald er den Anruf sieht.«

Das war mir klar: Du rufst deine Freunde zurück, immer, und zwar sofort! Das Telefon trägst du stets bei dir, legst es gut sichtbar auf den Tisch. Gespräche unterbrichst du bei Anrufen. Häufig hast du ein zweites Telefon und zwei Nummern, so bleibst du erreichbar und kannst deine Kontakte sortieren. So ist das im Kosovo und im gesamten albanischen Sprachraum, aus den Banden der Freundschaft ist das Netz gestrickt, das dich auffängt, wenn du fällst.

Fatos versuchte es erneut, und diesmal ging Mentor ran! Er erläuterte die Situation, und ich hörte, wie Mentor am anderen Ende mit einem wiehernden Lachen antwortete. Wahrscheinlich malte er sich aus, wie wir dort in der Dunkelheit saßen, und dachte: Oh, ihr beiden Hajla-Helden! Zu guter Letzt verlässt euch das Glück und die Technik.

»Kommt er?«

»Natürlich.«

Was denn sonst? Selbst die Polizei ruft Mentor an, wenn jemand im Rugova-Tal in Schwierigkeiten gerät: Mentors Arbeitgeber ruft privat bei ihm durch, und Mentor springt ins Auto. In Deutschland rufst du nach dem ADAC, der Bergwacht oder dem Helikopter. In Peja rufst du Mentor an!

»Wie lange?«

»Stunde, je nachdem …«

Mentor würde quer durch Peja fahren, irgendwo hinter der Schlucht die Schneeketten anlegen, um dann über Schnee und Eis hinaufzufahren Richtung Pepaj. Er würde uns erst mal finden müssen, aber wahrscheinlich waren Fatos' Beschreibung und Mentors Ortskenntnis detailliert genug. Kurz malte ich mir aus, was wäre, wenn etwas passieren würde: Wenn Mentor aus irgendeinem Grund – Lawine, Baumschlag, Unfall – nicht käme. Dann bliebe uns nur, die Schneeschuhe wieder anzuziehen, um hinauf in das Dorf zu laufen. Überleben würden wir, nur unbequem würde es werden, und eine Unterkühlung wäre nicht ausgeschlossen. Außerdem waren irgendwo da draußen Wölfe.

»Nimm, iss.« Fatos gab mir irgendwelches Trockenfleisch. Die Textur war kristallin, und Geschmack stellte sich erst nach längerem Kauen ein. Ich überlegte, ob Essen in der jetzigen Situation überhaupt angebracht war: Gab es einem Energie oder entzog es diese zusätzlich?

Fatos hatte den Parka bis über das Kinn zugezogen, die Mütze ins Gesicht geschoben. Ich hatte eine zusätzliche Weste über den billigen Anorak angelegt, die Oberschenkel mit einem Wollpullover abgedeckt und versuchte, mit den Knien nicht an die entsetzlich kalte Armatur zu kommen. Die nassen Fingerhandschuhe waren keine Hilfe, ich zog sie aus und steckte die geballten Fäuste hinter die Anorakbündchen. Die Füße waren warm genug, die Kälte kam über die Beine. Schnell würde sie in den Oberkörper kriechen, und dann würde es ernst werden. Es gibt keine Kleidung, die wärmt, es gibt nur Kleidung, die isoliert. Wenn die Grundwärme fehlt, dann gibt es nichts zu isolieren. Jeder, der sich mit eiskalten Händen Fingerhandschuhe überzieht, merkt das.

Wir schwiegen, jeder für sich.

Das Kondenswasser an den Scheiben war bereits gefroren. Ich versuchte, den Körper zu entspannen, in den Sitz zu

sinken – es war unmöglich: Die Muskulatur hatte sich zusam-
mengezogen, die Glieder blieben angespannt.

Alle paar Minuten sagten wir etwas, irgendetwas: Zwei,
drei Worte hin und her. Was genau, weiß ich nicht mehr. Kälte
kriecht, Kälte arbeitet sich langsam vor, Millimeter um Millimeter. Man kann fühlen, wie sie sich durch die Haut arbeitet,
die Adern erreicht und in das System sickert. Um die Füße und
die Hände stand es erstaunlich gut, der Oberkörper wurde
zum Problem. Wann würden wir anfangen zu zittern? Ich
fragte nicht nach der Uhrzeit, wir tauschten keine Hochrechnungen aus. Zu spekulieren, brachte uns nichts. Ich musste
plötzlich an Beck Weathers denken. Pathologe wie Mentor,
passionierter Bergsteiger und 1996 auf dem Everest unterwegs: Der saß auch so da. Seine Bergsteigerkollegen hatten ihn
schon aufgegeben, weil er sich in großer Höhe und im Sturm
entkräftet niedergelassen hatte. Am nächsten Morgen aber
stand er einfach wieder auf, wankte durch den Nebel in Richtung Höhenlager, wurde aufgegriffen und überlebte. Man
muss solche Gedanken ganz schnell wegwischen, sie führen zu
nichts. Ich dachte an meine Füße, meine Füße waren weiterhin warm. Ich trug zwei Schichten wollene Socken traditio-
neller Machart. Wolle ist das Beste, dachte ich, Schafe frieren
nicht. Tags zuvor hatte ich Ersatzsocken über den Handschuhen getragen, das hatte geholfen. Wo steckte das Paar jetzt?
Lohnte es sich, nach dem Rucksack zu greifen und umständ-
lich zu suchen? Oder würde die Aktion nur Energie verschwenden? Ich beschloss, mich nicht zu rühren. Die Hände waren
nicht das Problem. Es gab kein Problem. Es war einfach nur

ein bisschen ungemütlich, vorübergehend. Es gab kein Problem, Mentor war unterwegs. »Heute Abend bist du in Peja, drehst die Heizung auf und gehst unter die Dusche, es gibt kein Problem.« Ich stellte mir Mentor vor, wie er durch die Schlucht fuhr, jetzt vielleicht an der Abzweigung nach Pepaj war, ein paar Kilometer auf der ungeräumten Straße bergan fuhr – vermutlich kurz vor den Serpentinen die Schneeketten anlegte. Hinten und vorne? Würde die doppelte Zeit kosten.

. . .

Auf einmal tauchten unten in der Ferne gelbliche Lichter auf, ein paar Minuten später hörten wir das dazugehörige Motorengeräusch. Dennoch verließ keiner von uns das Auto. Die Lichter kamen näher, das Motorengeräusch wurde deutlicher. War das der gleichmäßige Sound eines Land Rovers? Das konnte doch nicht sein? Die beiden kreisrunden Frontscheinwerfer kristallisierten sich aus dem Dunkel, es war wahr: Ein Land Rover fegte mit Höllengeschwindigkeit bergan. Erst jetzt begriffen wir, sprangen aus dem Auto und winkten. Der Fahrer des Land Rovers stieg in die Bremsen, zog den Wagen quer und kam zum Stehen. Es war Mentor. Unglaublich, dass er jetzt schon da war, er musste sofort losgefahren sein und trotz schneebedeckter Fahrbahn Vollgas gegeben haben. Die Mühe, Schneeketten anzulegen, hatte er sich nicht gemacht. Mentor stieg aus, da stand er in der roten Daunenjacke, hatte noch nicht einmal eine Mütze auf und lachte, ein zu komisches Bild gaben Fatos und ich in unseren übergeworfenen

Klamotten und den zusammengezogenen Körpern ab. Es war das Lachen der Ebene, es erzählte vom Kaffeetrinken, von der nicht weit entfernten heißen Dusche und den kleinen Läden, in denen es alles gab und noch mehr als das.

Ein paar knappe Worte flogen zwischen Mentor und Fatos hin und her: das, dort, dann jenes, so machen wir das.

»Oh Mentor, ich war noch nie so froh, dich zu sehen!«

»Ich hab dich hergebracht, also hole ich dich auch ab. Es gibt Regeln!«

. . .

Es war noch nicht vorbei, ein gutes Stück Arbeit lag noch vor uns. Ich versuchte, die Handschuhe wieder anzuziehen, aber der Stoff war an den Fingern zusammengefroren, also ballte ich weiterhin die Fäuste. Der Himmel war auberginefarben, die Mondsichel orangerot. Alles schien von ausnehmender Klarheit, die Sterne nah, die Luft war so kalt, man hätte sie schneiden können.

Erst versuchten wir, den Suzuki aus dem Schnee auf die Straße zu ziehen, ohne Erfolg. Dann beschlossen wir, die Batterie zu überbrücken. Dafür aber musste der Land Rover zurückgesetzt und im Schnee neben dem Suzuki geparkt werden (die Batterie eines Land Rovers befindet sich unter dem Fahrersitz, nicht unter der Motorhaube). Doch die Räder drehten alle paar Meter durch: Schneeschaufeleinsatz, Schieben, Drücken, Anlaufnehmen, Vor- und Zurückfahren. Es zog sich, und ich begriff nie ganz, was wir taten, stellte mich dorthin, wo

man mich haben wollte, warf mich gegen die Front des Land-
Rovers, drückte zusammen mit Fatos rhythmisch gegen das
Chassis, bis die Räder griffen und über den Schnee kamen.
Zwischendrin schaufelte Fatos berserkerhaft den losen Schnee
vor den nackten Reifen weg, bis der Land Rover einen Sprung
machte und einen halben Meter weiterkam.

Schließlich war es geschafft, die Autos standen Seite an
Seite. Jetzt erst begann ich mit den Zähnen zu klappern. Ich
versuchte es zu unterdrücken, aber Mentor bemerkte es: »Setz
dich in den Wagen, nimm Wärme!«

So viel Wärme war gar nicht im Wagen, denn das Fenster
stand ja offen, um die Batterien miteinander zu verbinden.
Schließlich sprang der Suzuki wieder an. Mentor setzte den
Land Rover vor den Suzuki, Fatos seilte diesen an, sprang hinter das Steuer, und mit den vereinten Kräften beider Motoren
machte der Suzuki einen Satz. Geschafft!

DIE STADT, EIN FEST!

32 Wir luden mein Gepäck um, Mentor würde mich zum Hostel fahren, sodass Fatos schnellstmöglich nach Hause und in die Wärme kam. Im Kegel des Scheinwerferlichts zog eine wild-verschneite Wunderwelt vorüber, üppig überzogen, als wären wir in einem Zeichentrickfilm. Mentor erzählte, dass die Regenfälle in der Ebene so heftig ausgefallen waren, dass es zahlreiche Überschwemmungen gegeben hatte. Nicht in Peja, dort liege Schnee, aber weiter im Landesinneren. Ganze Brücken seien davongetragen worden, der Verkehr zum Teil immer noch unterbrochen. Sperrstunde sei übrigens inzwischen erst um zehn, ich könne also noch etwas einkaufen.

...

Die Schlucht lag hinter uns, die ersten Lichter kündigten Peja an. Schließlich passierten wir die Brücke, und ich kannte mich wieder aus. Ich fühlte mich wie ein Kind, das nach einem Ferienlager nach Hause kommt, erfahrungsgesättigt und voller Vorfreude.

Der Wagen kam vor dem Hostel zum Stehen. Mentor zog etwas Dunkles aus seiner Innentasche. »Halt das mal kurz.«

Ich griff danach und fühlte ein Stück Metall. Es war eine Pistole. Verwundert blickte ich in Mentors todernstes Gesicht: »Tja, dumm gelaufen: Da sind jetzt deine Fingerabdrücke drauf!« Wenn ich mich nicht freiwillig auf einen Kaffee einfinden würde, um Bericht zu erstatten über die Zeit da oben, dann würde er mich vorladen lassen! Nicht gleich morgen, vielleicht übermorgen, er melde sich!

· · ·

Das Hostel war so leer, wie ich es verlassen hatte, und ich war erneut der einzige Gast. Man habe gedacht, ich sei längst außer Landes, zurück in Deutschland, und habe gar nicht mehr damit gerechnet, dass ich wiederkäme, ließ man mich wissen. Dann händigte man mir die Plastiktüte voller überflüssiger Kleidung aus, die ich dagelassen hatte. Wo in Gottes Namen ich gewesen sei?

»An der Hajla, auf Fatos' Hütte.«

»Aber doch nicht die ganze Zeit!«

»Doch, schon.«

Man nahm mich nicht ganz ernst und erklärte sich meine Auskunft mit mangelnder Sprachfertigkeit. Niemand bleibt über einen Monat lang oben in den Verfluchten Bergen, kein

Tourist und auch kein Einheimischer, noch nicht einmal im Sommer. Dort ist doch kein Leben, das Leben spielt in Peja.

Das Hostel war deswegen ein Hostel, weil mehrere Betten in den Zimmern standen und man für das Bett zahlte, nicht für das Zimmer. Ansonsten aber hätten Einrichtung und Ausstattung jedem besseren Hotel zur Ehre gereicht. Bei meinem ersten Aufenthalt hatte ich das einfach so hingenommen, jetzt fand ich mich von unwahrscheinlichem Luxus umgeben, dessen Krönung die Dusche mit dem kleinen Heizlüfter darstellte: heißes Wasser! Darüber hinaus Licht, Strom und Internet ohne Limit – ein Wahnsinn, alles war wieder da, und noch dazu im Überfluss! Aber ich war zu erschöpft, um es ausführlich zu genießen, hatte nicht nur den Abstieg, das Ausharren in der Kälte, sondern auch noch den Vortag in den Knochen, schaffte es daher weder in die Dusche noch ins Internet. Nur kurz hinlegen, nur kurz hinlegen ... Ich schlief auf den Bettlaken ein, ohne mich ausgezogen zu haben.

· · ·

Es dauerte einige Sekunden, bis ich nach dem Aufwachen wusste, wo ich war. Es war irritierend hell, und Stimmen drangen an mein Ohr. Das elektrische Licht brannte. Dann kam mit dem Bewusstsein der ganze Film des Vortags zurück – so als wären der Abstieg und die Fahrt ins Tal ein Traum gewesen, den man mühsam festhalten musste, damit er einem nicht entwischte. Von der Terrasse aus überblickte ich die einzelnen Viertel Pejas, sah den Fluss in der Morgensonne aufblit-

zen, der die Stadt in zwei Hälften zerschneidet, um den herum
sie erbaut ist – als drängten sich die Häuser wie eine Vieh-
herde an die Wasserstelle. Nein, die Stadt war kein Schock,
sie war vielmehr ein Fest, ein wundersam verdichteter Raum
an Möglichkeiten.

Ich zog mich an, um an diesem Fest teilzunehmen,
schmiss mich in Schale und saß zufrieden um halb zehn beim
Kaffee in einer Bar. Diese lag um die Ecke des Hostels und
wurde fast ausschließlich von Männern frequentiert, die alle-
samt auf einen Kaffee kamen. Auf der anderen Seite des Flusses hätte es anders ausgesehen, das Publikum wäre gemischt
gewesen und jünger, aber dort zog es mich vorerst nicht hin.
Im Gegenteil, meine Bar war perfekt, um vormittags den Laptop aufzustellen und zwei, drei Kaffee zu trinken. Ich blieb ihr
in den nächsten Tagen treu, machte eine Gewohnheit daraus.
Erst dann ging ich über die Brücke, dorthin, wo Pejas Flanier-
meile liegt und wo eigentlich immer, auch an einem Dienstag,
Betrieb ist. Wahrscheinlich ist es das, was Peja trotz seiner
Wunden und der innerstädtischen Freiflächen, die zu Park-
plätzen umfunktioniert worden sind, zu einer schönen Stadt
macht: dass alles zentral liegt und zu Fuß erreichbar ist, dass es
alle an dieselben Orte zieht und diese nur wenige Schritte von-
einander entfernt sind. Wie bunt doch die Welt war, wie viele
Zeichen, Leuchtreklamen, Schriftzüge, Farben – und welche
Auswahl! Wie viele Stimmen, Gesichter, Augenblicke ... Oh ja,
die Stadt war ein Fest – und ich war eingeladen!

Direkt am Fluss befindet sich eine Reihe einstöckiger
Bauten, die neben Kiosken und Mobilfunkanbietern aller-

hand Gastronomie beherbergen: vom Burgerladen über die *qebaptore* bis hin zur Pizzeria. Und genau dorthin zog es mich: Wenn ich von irgendetwas geträumt hatte dort oben, dann davon, am Fluss zu sitzen, mich in einem der ofenbeheizten Verschläge niederzulassen und Pizza zu essen! Pizza ist das deutsche Nationalgericht schlechthin, ganz ohne Zweifel! Ich ging dorthin, wo ich über einen Monat zuvor schon mehrfach gewesen war. In fremden Städten bleibe ich bestimmten Orten treu, das schafft mehr Vertrautheit, als ständig Neues auszuprobieren. Das Lokal befand sich in einem Souterrain, ich stieg die paar Stufen hinunter, ging hinein, der Kellner sah kurz auf:»Großes Bier, Funghi-Peperonici – wie immer?«

. . .

Was dann doch ein bisschen des Guten zu viel bedeutete, war, einkaufen zu gehen. Die Supermärkte im Kosovo sind so modern wie großzügig, und es gibt neben Importwaren ein breites Sortiment aus einheimischer Produktion – ganz im Gegensatz zu Albanien, das sogar Obst und Gemüse aus Italien importiert. Ich hätte mir einen Zettel schreiben sollen oder zumindest gedanklich Notizen machen, denn so war ich verloren in den Gängen und wusste vor Schildern, Farben und Angeboten nicht mehr, wo mir der Kopf stand und was ich überhaupt wollte.

Ich verließ den Supermarkt mit drei Dingen: Einem Sixpack Peja-Bier, einer Packung Haselnüsse und den geriebenen Kürbiskernen, die in den Bergen so gut geschmeckt hatten. Es war ein ineffektiver Einkauf, aber zu mehr sah ich mich nicht imstande, ich würde auf den kleinen Markt an meiner Ecke ausweichen, der war übersichtlicher! Aber, ach herrje: Eine Sucuk wollte ich doch – und noch von diesem geräucherten Rindfleisch. Das hatte ich völlig vergessen, die gab es doch unten am Fluss in dieser Halal-Metzgerei! Und das Mobiltelefon hatte ich doch mit Guthaben ausstatten wollen! Was, wenn Fatos oder Mentor anriefen und ich nicht zurückrufen konnte! Alles über der Pizza vergessen! Gott, das Leben in der Ebene war kompliziert, man brauchte einen Plan.

...

Es war aber nicht so, dass sich zurück in der Ebene die Hajla gleich wieder auflöste. Der Berg blieb präsent, und auch die innere Ruhe blieb. Sie war wie die Ruhe des Meeres: Und mögen die Winde auch Wellen aufschaukeln, so bleibt es wenige Meter darunter dennoch ruhig. Mein Geist war zu einem U-Boot geworden, das das Wetter, die Wellenhöhen und die Windrichtung sehr wohl registrierte, aber davon nicht hin- und hergeworfen wurde. Zumindest nicht so stark wie noch vor wenigen Wochen. Geblieben war auch die Demut vor dem Leben, vor dessen Logik, der man sich nicht entziehen kann, auch wenn wir das ständig versuchen. Würde diese Ruhe auf Dauer anhalten oder sich im Sturm der Stadt und der Informationen langsam auflösen? Ich wusste es nicht. Aber es war auch nicht wichtig. Wichtig war, dass sich mir dieser Bereich an innerer Ruhe und Ungerührtheit erschlossen hatte und dass ich wusste, wo er sich befand, dass ich hingehen konnte, sobald mir danach war. Allerdings gab es einen Nebeneffekt: An die Zeit nach Silvester konnte ich mich nicht mehr vollständig erinnern. Besser gesagt: In Gänze sehr wohl, nicht aber im Detail, nicht die einzelnen Tage. Die Zeit vor Weihnachten lag detaillierter vor, ohne große Mühe konnte ich sie genau rekonstruieren. Meine Sorgen und Ängste, die daraus hervorgegangenen Taten, das alles bildete sich vor der einheitlichen Berglandschaft kontrastreich ab. Ebenso die Panik, die Unruhe der Tage zwischen den Jahren. Mit Silvester jedoch hatte ich einen gänzlich anderen Raum betreten, der sich wesentlich schwerer in einzelne Tage auseinanderdividieren ließ. Die Ruhe hatte die Zeit ausgelöscht, sie war mir zerstoben. Den Eindrücken, die durch die Ankunft von Fatos und Barri, dann der Bergsteiger entstanden waren und die sich jetzt in der gesättigten Luft der Ebene noch einmal steigerten, hielt mein wochenlanges Bollwerk aus Berg, Schnee, Eis und kreisender Routine nicht stand: Es schrumpfte auf einige wenige Begebenheiten zusammen, auf das, was bemerkenswert blieb, auf das, was die Zeit strukturiert hatte, auf das, was sich als Geschichte erzählen ließ. Das war zugegebenermaßen nicht sehr viel.

. . .

Zurück im Hostel sah ich ein, dass es nur eine Möglichkeit gab, diese Wochen festzuhalten: Ich musste sie aufschreiben. Es war wie mit Träumen – wenn man sie nicht festhält, dann vergehen sie. Vom Fluss aus, oder auch von der Dachterrasse des Hostels, hat man den Einschnitt des Rugova-Tals und die hohen Gipfel immer vor Augen. Die Verfluchten Berge stehen dort unberührt und zeitlos und verschlucken, wenn man nicht Acht gibt, alle Zeit – jene Tage inbegriffen, die man selbst in ihnen verbracht hat. Ich beschloss Folgendes: Erstens würde ich alles aufschreiben, und zwar ab sofort. Zweitens würde ich Peja vorerst nicht verlassen, sondern bleiben, bis das zumindest in groben Zügen geschehen war. Ich wollte verhindern, dass die Erinnerung zu schnell von Neuem überlagert wurde.

. . .

Dann bekam ich Nachricht von Fatos – in Form eines kurzen Videos, das im Hochformat mit dem Mobiltelefon aufgenommen war: Zwei Männerstimmen flüstern hektisch miteinander, die Kamera schwenkt mal in diese, mal in jene Richtung, immer auf den verschneiten Wald gerichtet. Im Hintergrund heulen Wölfe, drei oder vier, so genau ließ sich das nicht bestimmen. Fatos hatte dazu geschrieben: »Etwas unterhalb unseres Weges, sechs Stunden früher, aufgenommen von Freunden.«

UM DIE ECKE

33 Auch Mentor meldete sich, ich nannte ihm den Namen meines Cafés, er sagte, er würde am nächsten Vormittag dort vorbeischauen.

Gegen elf traf er ein. »Also, erzähl!«

»Es gibt nicht so viel zu erzählen ...«

»Das glaube ich nicht!«

Ich versuchte, die Wochen an der Hajla zusammenzufassen, die Erfahrung verständlich zu machen, und beschrieb mein anfängliches Verhalten als eine Serie kleiner Fluchten, die lange funktionierten, schließlich aber über mir zusammenbrachen wie eine Meereswelle. Erst da sei ich wirklich dort oben angekommen.

»Und was heißt: wirklich angekommen?«

»Keine Schnellschüsse mehr, keine Furcht, keine Fluchten: Da sein.«

Mentor überlegte kurz und sagte dann: »Wenn man älter wird, hört man auf zu fliehen. Stattdessen rüstet man sich, um der Gefahr ins Auge zu sehen. Man vertraut auf Erfahrung und lässt sich nicht von Erwartung oder Spekulation leiten. Und man vertraut auch nicht auf Glück. So verliert man die Furcht. Man geht den Weg, den man sich ausgesucht hat, stellt ihn nicht infrage und nimmt alles in Kauf, was auf ihm liegt. Man weiß, dass es keine Abkürzung gibt und dass keine Station übersprungen werden kann. Alles kann, alles darf, alles muss passieren, wie es passiert. Der Unterschied ist, wie man damit umgeht.«

»Und doch«, erwiderte ich, »ist es sonderbar, um wie vieles älter man dafür werden muss. Solange man jung ist, denkt man, diese Zeit käme von allein um die nächste Ecke.«

»Nichts kommt von allein um die nächste Ecke.«

Ob ich denn schon etwas vermissen würde, wollte Mentor wissen.

»Das Holzhacken!«, entfuhr es mir. Mein Körper hatte sich derart an das Scheiteschlagen gewöhnt, dass ich die Axt niedersausen fühlte, sobald ich nur daran dachte. Im Hostel hatte ich mich zudem dabei ertappt, dass ich meine Umgebung auf brennbare Materialien hin abgesucht hatte, mit denen ich das Feuer entzünden könnte, jedes Stück Papier hatte ich automatisch auf die Seite gelegt.

»Und was hast du jetzt vor? Wann reist du ab?«

»Nicht so schnell, erst einmal bleibe ich ein paar Tage in Peja.«

»Na, dann sehen wir uns noch.«

Mentor wollte zahlen, und zwar sowohl sein eigenes Getränk als auch meine beiden doppelten Kaffee, doch ich wurde streng: Dies sei *mein* Tisch, ich hätte *ihn* in diese Bar zitiert, er sei daher *mein* Gast und natürlich eingeladen!

Mentor gab nach, ich hatte gewonnen.

EPILOG

»Weißt du, die Gruppe aus Prizren kommt jetzt wirklich. Ich hab gesagt, dass das ein bisschen schwierig wird mit dem Wetter. Also, kommst du mit?«

Natürlich kam ich mit.